AF455040

G. POUJARD'HIEU

LA LIBERTÉ

ET

LES INTÉRÊTS MATÉRIELS

LES INTÉRÊTS MATÉRIELS — LES MONOPOLES FINANCIERS
LA MORALITÉ PUBLIQUE — LES MŒURS
LA LIBERTÉ — LA DÉMOCRATIE

« Je n'ai point tiré mes opinions de
« mes préjugés, mais de la nature
« même des choses. »

MONTESQUIEU (*Esprit des Lois*).

PARIS
J. HETZEL, LIBRAIRE-ÉDITEUR
18, RUE JACOB, 18

1867

LA LIBERTÉ

ET

LES INTÉRÊTS MATÉRIELS

Paris. — Imprimerie L. Poupart-Davyl, rue du Bac, 30.

G. POUJARD'HIEU

LA LIBERTÉ

ET

LES INTÉRÊTS MATÉRIELS

LES INTÉRÊTS MATÉRIELS — LES MONOPOLES FINANCIERS
LA MORALITÉ PUBLIQUE — LES MŒURS
LA LIBERTÉ — LA DÉMOCRATIE

« Je n'ai point tiré mes opinions de
« mes préjugés, mais de la nature
« même des choses. »

MONTESQUIEU (*Esprit des Lois*).

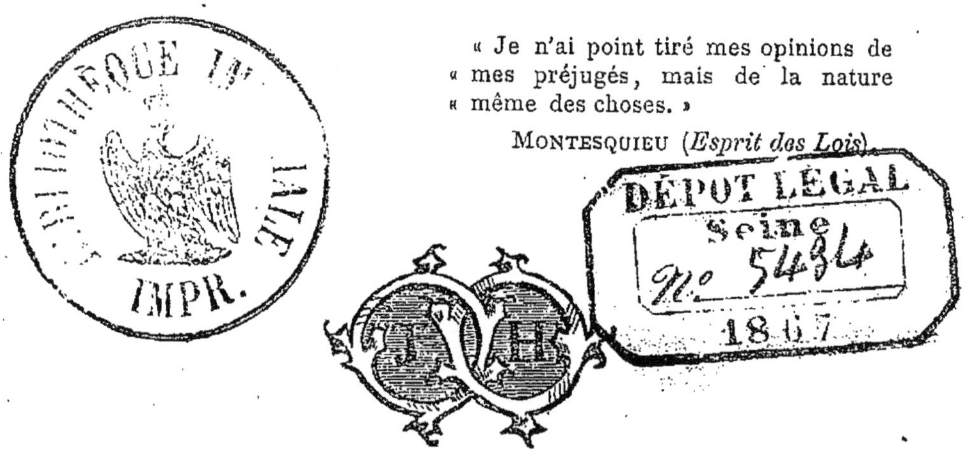

PARIS
J. HETZEL, LIBRAIRE-ÉDITEUR
18, RUE JACOB, 18

1867

LA LIBERTÉ

ET LES INTÉRÊTS MATÉRIELS

« Je n'ai point tiré mes opinions
« de mes préjugés, mais de la na-
« ture même des choses. »

MONTESQUIEU, *Esprit des Lois*.

LES INTÉRÊTS MATÉRIELS. — LES MONOPOLES FINANCIERS.

I

Dans tous les temps les intérêts matériels ont eu une grande influence sur les sociétés. Ils ont été la cause de l'asservissement d'une partie de l'humanité, ils ont créé la convoitise, la haine et l'envie, fait commettre des actes contre nature, désuni les hommes et les familles, armé les citoyens les uns contre les autres, détruit des empires, anéanti des civilisations; ils ont amené la dissolution des mœurs, dégradé et avili les âmes, fait perdre la notion du juste et de l'injuste; ils ont donné naissance aux plus sinistres catastrophes, fait éclore des ambitions honteuses, des infamies sans nom, des parricides, des fratricides, tous les crimes que les codes définissent, punissent et ont voulu prévenir, et aujourd'hui ils sont devenus une religion.

Cette religion a remplacé toutes les autres, et on l'a baptisée d'un nom vague « le *Socialisme*. » — Ce mot vague, je le définis et j'appelle le *Socialisme*, « la Religion des Intérêts matériels. »

Ces intérêts, je ne veux pas les faire disparaître du monde, et ramener la civilisation aux sociétés primitives; ils ont leur raison d'être, car l'on ne peut méconnaître qu'ils ont développé l'énergie et les facultés de l'homme, amélioré sa condition animale, créé le travail et fécondé les richesses du sol. Mais leur prédominance sur tous les autres éléments de la grandeur humaine, l'absorption qu'ils tendent à faire de toutes les intelligences pour les abattre sous leur joug me paraissent appeler une protestation. Du moment, en effet, qu'ils ont la prétention de répondre à tous les besoins et de les satisfaire tous, ceux de l'âme et ceux du corps, ces progrès matériels se revêtent d'une sorte de sacerdoce, d'un apostolat auquel manquent l'abnégation et le dévouement, puisqu'ils sont les esclaves de l'intérêt personnel, et ce schisme moral, affichant la prétention d'être une sorte de religion humanitaire, je viens le combattre parce qu'il tue l'homme et ne laisse de vivant que la bête.

Mais comment cette religion des intérêts matériels s'est-elle propagée, est-elle devenue une croyance universelle qui a poussé les mœurs et les lois, jusqu'aux limites du matérialisme le plus grossier?

II

La Révolution de 89 a creusé au milieu de ses vertus et de ses excès deux courants profonds dans le sein de la société. L'un de ces courants avait sa source parmi ces nobles esprits qui ont éclairé le dix-septième et le dix-huitième siècle, et créé l'épopée de l'intelligence française; il avait paru prendre son cours définitif dans l'œuvre de l'*Esprit des lois*.

Suivant l'expression célèbre, le genre humain ayant retrouvé ses titres dans ce grand livre, on s'éprit de ses leçons, et on travailla avec une vaillante ardeur à l'émancipation politique et sociale qu'elles enseignaient. Il n'est pas dans notre sujet de suivre dans leurs phases diverses, les agitations qui se groupèrent autour de l'idée générale d'une transformation sociale, dont Montesquieu avait révélé presque à son insu la nécessité, mais ce que je veux relever, c'est que tous les philosophes et tous les politiques faisaient reposer la rénovation sur la même base;

c'était l'Intelligence et la Vertu, dans l'acception antique de ce mot, qui devaient être appelées à conduire les hommes, à les discipliner, à les moraliser. De la lutte et de la tension des esprits devait naître un état de choses qui améliorerait la condition matérielle de l'existence humaine, et cette grande aspiration avait pris une formule et elle avait dit : « Moralisez les hommes si vous voulez les rendre heureux. »

Le second courant creusé par la Révolution remonte à ceux qu'on a appelés les économistes, Quesnay, Turgot, Vauban, etc., esprits fermes et droits qui ne se doutaient guère que leurs travaux pourraient un jour absorber les grandes idées morales et politiques, dont ils avaient voulu que leurs principes fussent les serviteurs et non les maîtres. Sans le savoir et sans le vouloir, ils ont, en effet, été les pères de ces écoles qui, sous divers noms, ont voulu prendre la direction de l'organisation sociale, et dont la formule peut se traduire ainsi, contrairement à celle que nous avons inscrite plus haut : « Enrichissez les hommes pour les moraliser. »

Ces deux grands courants ont longtemps coulé côte à côte, déposant chacun leur limon fécond dans leur course parallèle, mais, un jour, la France surprise les a vus se rencontrer et, dans leurs efforts réunis, renverser toutes les barrières et n'avoir plus qu'un seul lit. — L'événement était imprévu, et il donne à cette moitié du dix-neuvième siècle un caractère qui n'a pas de précédent.

III

L'ancienne société était hiérarchique; elle avait la noblesse, le clergé, la magistrature; le tiers état ou la bourgeoisie, qui représentait le plus grand nombre, formait une classe distincte de la nation, qui commençait au bourgeois et finissait au paysan attaché à la glèbe.

La noblesse c'était la royauté, le clergé c'était la religion, la magistrature c'était la loi, le tiers-état c'était le travail. Les classes qui étaient à la tête de la société consommaient les produits de la dernière, et la terre était la mère nourricière de toutes. Par les faveurs ou les impôts, les classes de la société, qui représentaient les armes, le rochet et la robe, devenaient propriétaires du sol, et tout propriétaire, ou tout producteur en dehors de ces castes, était simple matière à impôts.

Lorsqu'à l'aurore de la Révolution, le tiers état comprit sa puissance, qu'il était le fondement du pays, sa gloire morale, car la plupart de nos grands écrivains lui appartiennent, sa prospérité, puisque lui seul travaillait, il voulut suivant le mot de Sieyès, être « tout », et la plus haute signification de cette ambition, il la consacra par ce monumental Code civil, qui en instituant l'égalité des partages et des successions, en abolissant les droits de primogéniture et de substitution, a rendu la condition du travail également obligatoire pour tous, a véritablement détruit tous les priviléges aristocratiques.

L'égalité des partages c'est, en effet, l'égalité du travail appliquée à toutes les classes de la société. Avec cette loi il n'y a plus d'hommes riches, tout le monde est obligé de travailler. Les loisirs faciles, les inutilités aristocratiques disparaissent, ou ne sont plus que des exceptions très-rares; la propriété est accessible à tout le monde, et le père de famille en laisse une part à chacun de ses enfants. La conquête de la fortune recommence à chaque génération : toutes les forces de la nation étant mises sans cesse en mouvement, il n'en est pas une seule qui puisse demeurer oisive, et la prospérité générale du pays s'accroît de l'activité et du labeur incessant de tous les citoyens.

Voilà les conséquences de ces théories épiques qui ont enflammé les cœurs des générations qui nous ont précédés et leur ont fait opérer tant de grandes choses ; car, au frontispice de la Révolution que nos pères ont faite avec leur enthousiasme et leur sang, également agités par toutes les qualités civiques et toutes les effervescences tragiques, ils ont écrit que rien ne pouvait être légitimement acquis que par le travail, et que la vertu, dans l'acception héroïque du mot, était le seul ressort qui devait agir sur les hommes et les conduire.

Mais pour appliquer ces nobles maximes, il fallait refondre les lois et les pénétrer de leur souffle, sous une forme de gouvernement qui rompît radicalement avec le passé et dont la tradition historique devînt une émulation et un exemple. Aussi le Code civil est-il exclusivement une conception républicaine, et il était facile de prévoir qu'il cadrerait mal avec des institutions monarchiques. Il fallait, pour le faire accepter, corriger les opinions, vaincre les mœurs, combattre les intérêts, les craintes et les préjugés; il fallait, dis-je, le faire accepter par une sorte d'improvisation de conviction dans les consciences et les égoïsmes. C'était trop fort; aussi est-il sorti des mains du législateur primitif comme l'explosion d'un boulet qui renverse d'abord tous les obstacles, mais qui, après avoir décrit sa courbe rapide dans les airs, tombe bientôt inerte sur le sol. En effet, à peine le pays retourne-t-il vers la monarchie, que l'on voit le législateur réagir contre ce qui venait d'éclore, et nos Codes, en se complétant, s'éloigner des principes de l'œuvre qu'ils continuaient.

IV

Pendant l'Empire, la partie vivace et jeune de la nation a été détournée par la vie des camps du souci des intérêts matériels : c'est la Restauration, héritière sans le vouloir, et sous bénéfice d'inventaire, des grands principes qui avaient prévalu dans les assemblées révolutionnaires, qui a eu la charge de les appliquer. Mais la Restauration, qui ne pouvait rompre avec les anciennes traditions de la royauté, s'efforça, dans l'ordre politique et économique, de réagir contre les tendances de l'esprit nouveau. La base de la réorganisation reposait pour elle, il semble, sur la reconstitution d'une forte aristocratie territoriale. — S'emparant des faits qui s'étaient produits sous l'Empire pour l'élaboration de la législation commerciale et industrielle, elle étendit le système qu'on a appelé protecteur ou prohibitif, et qui n'avait été inventé que pour créer l'industrie française, elle étendit, dis-je, le système de la protection à l'agriculture, pour protester contre le morcellement du sol que l'égalité des partages venait de faire naître. Dans la pensée de la Restauration, les droits protecteurs sur les blés, les laines, les bestiaux, etc., malgré l'antagonisme de ces productions diverses, devaient, croyons-nous, servir, en reconstituant la grande propriété, à rétablir le droit d'aînesse, la protestation la plus radicale et la plus éclatante qu'on pût faire contre les principes de 89.

Le gouvernement constitutionnel a empêché la réussite de ces projets, dans ce qu'ils avaient de politique et de social, mais il a laissé subsister le système économique sur lequel ils avaient voulu reposer.

V

Quand la tribune fut rétablie, on la vit d'abord occupée par des hommes nourris de la philosophie et de la littérature du dix-huitième siècle, et qui étaient issus intellectuellement de l'*Esprit des lois*. Les questions matérielles les touchaient peu; la grandeur de la France, son importance et son influence morale dans le monde, les idées d'émancipation et de liberté, tous ces nobles sujets de méditation et de passion pour les âmes élevées étaient leur seule inspiration. A côté de ces hommes, que les circonstances révélaient et qui, tenus pendant l'Empire en dehors des affaires publiques, s'étaient préparés dans une sorte de retraite, en dehors des intérêts positifs, au rôle qu'ils jouaient, commencèrent à se signaler des membres importants du barreau.

Le barreau apparut bientôt dans les débats politiques, où la parole joue un si grand rôle, comme une puissance de premier ordre, et il n'y a pas lieu de s'en étonner si l'on songe que toute la législation française avait été refondue, que le barreau à ce moment créait une tradition dans un état social absolument transformé et où l'application de lois nées, pour ainsi parler, de la veille, étaient tous les jours une nouveauté. La place considérable que le barreau remplissait à cette époque faisait destiner toute la génération, issue des classes aisées, à cette carrière; elle était encombrée, et les sujets qui ne pouvaient y trouver place, après s'y être d'abord préparés, cherchaient un refuge soit dans les diverses branches de la littérature, soit dans le journalisme, soit dans les fonctions gouvernementales, enfin dans toutes ces situations diverses que l'on qualifiait par le mot de carrières libérales. En tout et partout c'était donc par l'intelligence seule, dans ses pratiques les plus élevées, que l'on cherchait la satisfaction des besoins et des intérêts. De là l'immense importance qu'avait prise le souci de la politique dans les préoccupations de l'opinion;

ce n'était plus l'armée, c'était la politique qui faisait les maréchaux de France.

Conjointement avec le barreau, la presse, qui n'avait qu'à choisir dans la cohue incessante des sujets que lui amenait à chaque instant l'éducation littéraire reçue par toute la jeunesse, la presse, dis-je, agitait sans cesse ces grandes questions que la Révolution avait enfantées, que l'Empire avait étouffées et que la Restauration voulait condamner au silence. La presse, dans ces conditions, était devenue une nécessité; et du moment qu'elle était une nécessité, elle était un pouvoir : la révolution de 1830 l'a prouvé.

Jusqu'au moment de cette révolution, les lois ont été politiques, elles ont fait résistance en sens contraire, ainsi qu'il arrive dans tous les moments d'enfantement, mais elles n'ont pas touché au vif des questions sociales ; ces questions n'ont pas été posées, on s'est borné à compléter le Code, à faire quelques lois de circonstance, à essayer de mettre de l'unité dans la législation. La presse n'avait pas saisi l'intérêt public des redoutables problèmes qui se sont posés depuis. Cependant, dans les dernières années de la Restauration, on commence à voir se produire quelques manifestations de socialisme, puisque désormais nous voulons comprendre sous ce nom tous les problèmes qui se rattachent à la question des intérêts matériels.

VI

Les manifestations du mouvement socialiste ont été d'abord latentes; ce qui en apparaissait n'était que bizarre et n'attirait qu'une attention dédaigneuse, mais la révolution de 1830 éclatant tout à coup, il se forma, dans toutes les carrières que l'intelligence peut parcourir, des phalanges ardentes qui, à l'aide de la liberté, eurent toutes le droit de porter leur drapeau ; les idées nouvelles qui germaient dans quelques esprits solitaires et passionnés firent explosion et allèrent chercher des échos dans l'opinion publique.

Cette époque de 1830 est vraiment solennelle : il semble qu'elle va accomplir toutes les destinées. Il faut, dans notre histoire, remonter à Louis XIV et aux premiers jours de la Constituante pour rencontrer l'apparition d'une aussi nombreuse pléiade de noms lumineux : les noms précurseurs, qui s'étaient signalés sous l'Empire et la

Restauration, reçoivent eux-mêmes un nouvel éclat de la splendeur juvénile de ceux qui se révèlent tous les jours à l'attention universelle. On trouve, à ce moment, des hommes armés et préparés pour tous les combats de l'intelligence; on refait l'histoire ou plutôt on la découvre, on refait la littérature, on rajeunit les arts; toutes les grandes inspirations ont un écho; les visées sont sans limites; les illusions brillent de tous côtés; c'est l'esprit des grandes âmes des dix-septième et dix-huitième siècles qui s'épanouit dans leurs arrière neveux. Le monde entier est debout. Des préoccupations matérielles, on n'en aperçoit nulle part dans ce mouvement triomphant; tout y est généreux, désintéressé, sincère et naïf comme la jeunesse, et l'on y conçoit l'ambition inconnue de s'approprier le génie de tous les peuples et de l'unifier dans le génie français.

Dans les résultats généraux que nous attribuons à la Révolution française, nous nous sommes persuadés, en effet, qu'il s'était fait une sorte d'assimilation de tous les peuples à notre génie particulier; nous avons pensé que notre souffle avait pénétré les âmes de toutes les autres nations, et dès lors, nous imprégnant nous-mêmes des œuvres de leur intelligence, nous avons cru qu'il était utile à la civilisation tout entière de concentrer en nous l'universalité du mouvement intellectuel du dix-neuvième siècle et d'élever son monument par notre langue et dans notre esprit.

C'est l'école romantique qui a voulu faire cette immense entreprise, et, pour y arriver, elle nous a conduits dans le chaos de l'Éclectisme. Or, l'Éclectisme dans la philosophie, dans la littérature et dans les arts, a détruit la foi : un scepticisme universel est survenu qui, peu à peu, a tué les originalités ou les a désespérées, et bientôt l'indifférence a tout recouvert de son linceul. Les grandes agitations d'il y a trente ans n'ont donc amené que la confusion dans les idées, car l'éclectisme, qui les a résumées, a préparé tous les égarements et s'est glissé dans toutes les conceptions. Mais l'éclectisme a eu le sort de ces fécondations artificielles qui ne peuvent pas se reproduire, et, au milieu des erreurs où il nous a plongés, l'esprit français s'est perverti. Nos qualités essentielles, le bon sens, la clarté, qui résulte de la rigidité de notre langue, la simplicité des conceptions, qui en découle, tout cela s'est évanoui. A l'aide de cet obscurcissement, les théories socialistes ont bientôt pu se produire et s'emparer de l'opinion publique; du moment que nous perdions les qualités de notre race, nous laissions, en effet, la porte ouverte à toutes les utopies, car nous nous étions reniés nous-mêmes.

VII

Au sein de ce trouble, les théories socialistes, revêtues d'une forme vague, imprégnées d'une sorte d'idéal de perfectionnement, recrutèrent donc des adeptes enthousiastes et résolus. Les progrès matériels du pays, la création de ses richesses industrielles, le développement du travail, le déclassement des bras, les conditions d'existence d'une portion nombreuse de la nation, attelée à la fortune d'entreprises qui n'avaient pas de précédents dans notre histoire, toutes ces choses nouvelles posaient un problème d'organisation et de répartition du travail, à la solution duquel aucune des parties intéressées ne s'était préparée. La place de réformateur était à prendre, et l'on vit bientôt des compétitions nombreuses.

Cependant, rien dans l'initiative du législateur, rien dans les soucis du Gouvernement, rien dans la presse prépondérante n'indiquait que les questions politiques allaient être dominées par un problème social. Et pourtant les conditions dans lesquelles se produisait le travail industriel, les abus qu'il entraînait, l'inhumanité dont il était coupable, auraient dû signaler de plus en plus la question sociale à la sollicitude de ceux auxquels était commis le soin de la chose publique. Mais on se plaisait à penser que les préoccupations, dans cet ordre d'idées, n'avaient pas de retentissement, et l'on semblait convaincu qu'au sein d'une prospérité sans exemple, au milieu d'un rayonnement d'intelligences sans pareil, armée qu'elle était d'une répulsion invincible pour toutes les utopies et toutes les conceptions empiriques, la France pouvait attendre son heure pour donner satisfaction aux ambitions impatientes et résoudre les problèmes sociaux qui étaient à peine posés. Tout à coup, la révolution de 1848 est survenue; elle était fille, on l'a vu depuis, de la confusion universelle des idées, et elle a eu pour mission, en donnant satisfaction immédiate à tous les intérêts matériels, d'inaugurer la religion de ces intérêts.

VIII

On s'aperçut alors que l'indifférence en matière politique, qu'avait engendrée une grande prospérité matérielle, avait conduit le pays sur le bord d'un abîme. Le problème social avait grandi, sans qu'on voulût s'en apercevoir, par le développement même de l'industrie, la mise en valeur de toutes les richesses de la France, par l'agrandissement des relations commerciales de peuple à peuple, par la rapidité et la permanence des communications, par la concurrence intérieure et extérieure, par l'augmentation de la population, par son émigration vers les villes, par l'accroissement du nombre des ouvriers. Une immense quantité d'existences dépendait dorénavant de la transformation qu'avait éprouvée la France en devenant, de nation exclusivement agricole, une grande nation industrielle. La carrière a été aussitôt envahie par les théories socialistes, et le Gouvernement nouveau s'est trouvé aux prises avec des doctrines qui voulaient s'appuyer sur l'autorité et la force pour prévaloir, tandis que son existence et sa raison d'être reposaient sur la liberté. La victoire, dans cette période de notre histoire, est demeurée à la liberté.

C'est la liberté de la presse et la liberté de discussion qui ont sauvé le pays des aventures qu'on voulait lui faire courir : les utopistes ont été vaincus; le jour où ils ont pu exposer leurs doctrines, elles ont été renversées. Les dangers vagues sont ceux qui épouvantent le plus; lorsqu'on a pu prendre corps à corps les systèmes dont tout le monde redoutait l'avénement, il s'est trouvé que ces systèmes n'avaient pas de corps. Les doctrines de l'égalité des salaires, du crédit gratuit, du communisme, mises à l'œuvre, ont vu leurs tentatives avorter et disparaître sans retour : c'est la liberté qui a remporté cette victoire, la liberté seule, et nous l'avons oublié!

IX

La forme des gouvernements est une question d'époque; aussi celui qui avait pour mission de résoudre les questions sociales devait-il être l'expression du consentement unanime de la société qui voulait être réorganisée. Et logiquement et par la fatalité des causes, la république de 1848 a proclamé le suffrage universel.

Mais le suffrage universel est la plus formidable expression de la force, et le gouvernement qui l'a proclamé, offert en holocauste, devait, dans tous ses actes, subir les conséquences de ce principe et en périr.

Dans un pays où les trois quarts des citoyens, appelés à user des droits électoraux, sont absolument dépourvus d'instruction, le résultat de leur intervention directe dans la chose publique devait être de la faire marcher dans leur ornière et de la soumettre, en quelque sorte, à leurs exigences, à leurs impatiences et à la satisfaction de leurs besoins.

Le suffrage universel exposant le gouvernement aux hasards de l'urne électorale, il fallait, en effet, s'occuper surtout de ceux qui tenaient dans leurs mains aveugles ces hasards périlleux. Du moment qu'un cens quelconque ou que l'obligation élémentaire de savoir lire et écrire n'était pas imposée à la multitude pour faire acte de citoyen, les hommes sages, économes et prévoyants avaient peur de se trouver à la merci du grand nombre, qu'aucune instruction ne pouvait guider, que la crainte du besoin égarait, et par les uns et par les autres le gouvernement se trouvait pressé d'inaugurer la nouvelle organisation sociale promise et annoncée par quelques-uns des personnages qui avaient proclamé la république.

Dans le désordre et les perplexités de cet état de choses, contraint d'agir sur l'heure pour donner la solution qu'on croyait prête, on vit ce gouvernement abandonner les grandes visées, déserter toutes les questions internationales et s'égarer à la recherche de cette solution inconnue qu'il avait fait espérer. Il ne pouvait se soustraire au rôle de réformateur, et il a été impuissant à le remplir. Mais l'impulsion était donnée, le mouvement ne pouvait pas s'arrêter, et le gouvernement s'est vu désormais contraint d'intervenir dans la coordination de l'existence matérielle de l'individu, et de prendre la responsabilité de l'organisation de l'ordre économique de la nation. Cette responsabilité est lourde, car elle ressort de tous les instincts secondaires de l'âme.

X

Nous voilà bien loin de la proclamation des Droits de l'Homme! Ces Droits avaient pour destinée d'élever le niveau moral et intellectuel de l'homme, de développer en lui ce « *mens divinior* » qui est l'essence même de sa nature et en fait la créature l plus perfectionnée qui existe sur la terre. Les Droits de l'homme ne sont pas des droits économiques et socialistes, mais ils sont l'avénement et la consécration de ces grands principes qui rendent les citoyens également soumis à la même justice, aux mêmes droits et aux mêmes devoirs, et leur donnent des armes égales pour lutter contre la force et l'arbitraire. Or, ces choses-là sont du domaine moral, et les intérêts matériels ne doivent pas prédominer dans ce domaine. Aussi, en sortant de la région des idées pour entrer dans celle des faits, les novateurs ont-ils obscurci les consciences, et les bases de la société elle-même ont été ébranlées. Nous avons vu des jours sanglants et lugubres qui ont inspiré l'effroi du progrès et nous ont découragés dans nos tentatives de faire le bien. La violence a compromis, comme toujours, la cause qui ne devait avoir recours qu'à la justice.

Dans ces dramatiques occurrences, la France dut son salut à la passion de la loi et à la vaillance qu'avait déposée dans les cœurs l'exercice de la liberté politique. On ne combattit avec les armes que lorsque les attentats contre le droit furent flagrants, et la génération constitutionnelle offrit, dans la personne de ses représentants les plus illustres, un exemple qui devrait être sans cesse présent à tous les souvenirs. On vit, en effet, ce spectacle singulier et mémorable; des hommes formés par la discipline militaire ne pas songer à abuser des pouvoirs que les circonstances leur donnaient, malgré les sollicitations de l'opinion publique, et ces âmes héroïques, éprises de l'émulation des grandes choses, faire taire les habitudes autoritaires et despotiques de toute leur vie pour défendre la liberté, que la nation irritée accusait de ses désastres.

XI

Engendrée par deux principes contraires, le suffrage universel, qui représente la force, et la liberté, qui représente le droit, la république ne devait vivre, parce qu'elle était sans cesse en contradiction avec l'un de ces principes, qu'au milieu d'oscillations incessantes qui, mettant tous les jours son existence en péril, ne lui laissaient pas un seul moment pour s'occuper avec calme, avec suite et avec réflexion des questions mêmes qui étaient sa raison d'être. Aussi n'a-t-elle pas pu mettre simplement à l'ordre du jour, pour ainsi parler, la réfection des lois sur lesquelles était assis le monopole industriel qui avait donné naissance à ce problème de l'organisation du travail, des relations du capital et de la main-d'œuvre, dont l'apparition révolutionnait toutes choses. Le monopole industriel, qui représentait le peuple des ouvriers et touchait par tant de points à la manière d'être de la consommation, s'abritait sous des lois protectrices qui remontaient à Colbert, et que l'Empire et la Restauration avaient complétées.

Il faut que nous revenions sur ce sujet.

XII

Le système protecteur ou prohibitif, baptisé par un néologisme socialiste du nom que je lui ai donné plus haut de monopole industriel, reposait sur un ensemble de lois fiscales qui avaient eu pour but de préserver l'industrie française naissante de la concurrence étrangère. C'est à la législation qu'il représente que nous devons d'être devenus un grand peuple industriel et commerçant. Ce système a traversé la Révolution, l'Empire, la Restauration, le Gouvernement constitutionnel de 1830, en butte à des attaques nombreuses, mais principalement battu en brèche dans ces derniers temps par ceux qui devaient le remplacer avec des monopoles bien autrement nuisibles. Nous devons à ce système la création de nos manufactures et de nos forges, la fondation de villes importantes, l'accroissement de notre commerce; toutefois, il portait dans ses flancs tous les problèmes qui ressortent de l'organisation du travail, et à ce titre il était poursuivi par des inimitiés ardentes qui l'accusaient d'avoir posé ces redoutables problèmes sans les résoudre. En même temps, la France, comme un pupille qui a atteint sa majorité, déclarait qu'il n'était plus utile à sa prospérité de maintenir des lois tutélaires qui l'empêchaient de s'approvisionner à bon marché, à l'extérieur, des objets de sa consommation, et qu'il fallait abaisser toutes les barrières.

L'idée de la liberté du commerce s'était répandue avec le grand mouvement de la Ligue anglaise contre les lois sur les céréales, et ses partisans trouvaient en France un concours très-décidé dans une portion importante de la propriété territoriale, qui réclamait avec raison que des conventions internationales nouvelles lui ouvrissent de nouveaux marchés. Ces graves agitations avaient fait que le monopole industriel était devenu le bouc émissaire du malaise profond qui existait en toutes choses : il était donc destiné à disparaître. En vain la seconde assemblée de la République voulut-elle le maintenir ; le gouvernement qui lui a succédé avait reçu de l'opinion publique le mandat de le détruire, et les traités de commerce ont inauguré un nouveau régime économique.

Et pourtant, les traités de commerce, la

liberté des échanges ne pouvaient pas résoudre les questions socialistes; ils devaient au contraire les compliquer. A peine s'occupe-t-on, en effet, de changer par ces réformes les conditions d'existence de l'industrie, que l'on voit apparaître et intervenir les théoriciens du crédit et de l'association des capitaux, qui présentent et font accepter leurs doctrines comme la panacée universelle.

Sans mesurer sans doute la portée de son acte, le gouvernement de la République avait préparé leur avénement, en introduisant le despotisme dans les décrets rendus en matière financière, pour constituer, sous le prétexte du salut public, la centralisation financière au moyen de la concentration de toutes les banques dans une seule, qui devait avoir la fonction d'une Banque d'État sans l'être, et gouverner les besoins de crédit du pays tout entier sans avoir à en rendre compte qu'à elle-même. Cette formidable institution, aristocratique à l'excès dans une société profondément démocratique, n'a trouvé sa justification que dans la constitution de monopoles de même nature qu'on a créés à côté d'elle.

XIII

C'est ici qu'il faut signaler le retour sur la scène politique de l'école socialiste connue sous le nom de Saint-Simonisme (1).

(1) Le saint-simonisme était apparu aux environs de 1830. On lui avait fait l'honneur de le persécuter un peu;

C'est elle, en effet, qui revendique la révélation du principe de l'association des capitaux, et qui fait résider la solution du problème social dans l'organisation financière du pays. Elle a déplacé la question sociale en la transportant du domaine de la division des parts et des profits entre le capital et le travail dans celui de la répartition aux diverses branches de l'activité industrielle du capital aggloméré.

Mais pour arriver à agglomérer le capital, pour le répartir, il fallait que le gouvernement intervînt et sanctionnât en constituant des priviléges l'organisation de cette force nouvelle; c'est ce qu'il a fait en entrant, sous l'inspiration saint-simonienne,

il comptait dans son sein beaucoup d'hommes distingués qui, après s'être dispersés, avaient presque tous suivi la carrière industrielle.

dans le système des monopoles financiers.

Mis à l'œuvre, le saint-simonisme, abandonnant la prétention qu'il avait eue d'être une religion, n'a conservé de sa doctrine que les principes autoritaires et despotiques, qui conduisent aux accaparements. Entouré de la faveur éclatante du pouvoir, destiné à servir à toutes les améliorations et à combattre toutes les inimitiés, il a commencé sa carrière en révolutionnant tous les procédés pratiqués avant lui pour organiser les grandes entreprises.

Pour opérer ce changement dans les habitudes, pour établir sa prépondérance, il fallait au système des monopoles financiers une armée prête pour le combat, familière avec les manœuvres qui allaient se montrer, préparée aux exercices qui devaient assurer des victoires rapides et étourdissantes. Cette armée, elle existait; il lui fallait un point de ralliement, le saint-simonisme le lui a donné : elle existait cette armée au sein de cette race envahissante et vivace dont les aïeux avaient adoré le veau d'or. Elle se reconnaissait dans les chefs du saint-simonisme et elle avait compris instinctivement et dès l'abord le rôle qu'elle avait à jouer au milieu des propagateurs de la théorie de la domination des intérêts matériels et de la toute-puissance de l'argent.

Cette race, longtemps errante et persécutée, on le voit maintenant, pour d'autres causes que son déicide, ignore l'épargne, est l'ennemie de la fortune territoriale, à laquelle elle n'a pu que récemment atteindre, propriété qui réclame un labeur permanent et local, contraire à ses habitudes nomades, et elle ne prospère que dans les combinaisons financières et les spéculations aléatoires. Jusqu'alors elle avait été l'alliée inavouée et cachée de tous les despotismes, avait prospéré à l'aide des dissipations publiques et privées, servi d'intermédiaire à toutes les anticipations que le présent fait sur l'avenir, en enlevant aux générations vivantes le fruit de leurs épargnes pour les constituer en dettes d'État (1), elle avait aidé à l'éclosion de ce vaste système des emprunts publics qui doit un jour mettre toutes les fortunes privées dans la main des gouvernements (2); mais elle n'avait pas encore

(1) Que l'État évite des emprunts qui forment des rentes financières, qui le chargent de dettes dévorantes et qui occasionnent un commerce ou trafic de finances, par l'entremise de papiers commerciables, où l'escompte augmente de plus en plus les *fortunes pécuniaires stériles*.

(QUESNAY, 30e *Maxime*.)

(2) Les dettes des États européens s'élèvent à 66 milliards 513,111,722 fr. représentant en intérêts et amortis-

été montrée à la lumière du jour dans ses œuvres, qui étaient repoussées par nos mœurs.

En effet, n'ayant pas le sens moral des populations chrétiennes, la race juive vit dans la civilisation moderne avec ce terrible esprit biblique qui ne croit qu'à la force et au châtiment, et elle a transporté dans les transactions, qui règlent les intérêts matériels, des armes que seule elle possède et contre lesquelles on ne peut et on ne sait pas se défendre. Comme les condottieri du moyen âge, organisée pour la bataille dès son berceau, habile aux luttes de la ruse et de l'audace, dévorée de l'amour du lucre, n'ayant que cette passion et dominée par elle, elle pratique sans cesse à la lettre ce

sements annuels 2,438,963,600 fr. Les budgets de ces divers États s'élèvent à 10,508,805,578 fr.

précepte du *Deutéronome*, qui est la loi même de l'usure : « Parce que l'Eternel « ton Dieu t'aura béni, comme il t'en a « parlé, tu prêteras sur gages à plusieurs « nations et tu n'emprunteras pas sur gages. « Tu domineras sur plusieurs nations, et « elles ne domineront point sur toi. » Chap. XV, v. 6.

« Tu prêteras bien à usure à l'étranger, « mais tu ne prêteras point à usure à ton « frère, afin que l'Éternel ton Dieu te bénisse « en tout ce à quoi tu mettras la main dans « le pays où tu vas entrer pour le posséder. » Chap. XXIII, v. 20 (1).

Mais, en outre de la satisfaction de ses instincts, la race juive devait trouver dans l'avénement des doctrines saint-simonien-

(1) Traduction de David Martin, ministre du saint Évangile à Utrecht.— Firmin Didot frères, éditeurs, 1839.

nes les principes mêmes de sa théocratie et de son organisation sociale. Car il n'est pas douteux que les doctrines autoritaires de l'école ramenaient au Patriarcat, c'est-à-dire à un état social où l'autorité d'un chef absorbait toutes les volontés individuelles mises en servage et les exploitait à son profit personnel. Le Patriarcat étant en réalité le fond du système, il était certain qu'en arrivant à posséder, sous le nom d'association, avec une forme légale irresponsable, la toute-puissance de l'argent, on reconstituait *la Tribu* dans la seule condition qui pût être à son insu acceptée par la civilisation moderne. Et si, en même temps, la loi donnait la faculté de mobiliser toutes les fortunes de manière à les rendre aussi instables qu'une tente, il était certain aussi qu'on rendait les fortunes nomades et qu'on les mettait à la discrétion des pasteurs. Tels sont les résultats qu'a atteints le saint-simonisme, enveloppé et servi par l'influence juive.

XIV

On a ainsi créé au sein de la société, avec l'intention d'aider à ses progrès matériels, des instruments égoïstes qui n'ont profité qu'à ceux-là mêmes qui avaient obtenu le privilége exclusif de s'en servir. La masse générale du public n'était pas préparée à la révolution que l'on avait voulu faire initiativement pour la satisfaction de ses intérêts, et elle a été victime de son inexpérience et souvent de sa bonne foi, en suivant les réformateurs dans leurs aventures. Ces prospérités, nées de la surprise et entretenues par l'avidité du gain, ont donné aux monopoles financiers une position considérable ; ils ont dominé toutes les conceptions, et l'on s'est efforcé d'imiter leurs allures et de se transformer à leur image.

Il s'est produit dès lors un immense trouble dans les consciences et dans les traditions; il n'y a plus eu ni règle de conduite ni principes dans les affaires où ont successivement prévalu les modes de procéder qui avaient des succès si éclatants. La fièvre a saisi toutes les imaginations, et le progrès, retournant en arrière, s'est figé dans le sein d'une féodalité financière qui a exploité toutes les intelligences et mis en coupe réglée à son profit toutes les ressources de la France. Les fruits de cet état de choses étaient véreux, et on a vu reparaître ces jours d'insanité qui avaient si désastreusement éclairé les approches de la banqueroute, à la fin du dernier siècle. Les cupidités se sont éveillées dans tous les rangs de la société ; tout le monde, riche ou pauvre, a mis avec frénésie à la loterie des richesses instantanées, et le sens moral s'est perverti dans les improvisations de fortunes et de ruines privées.

A l'heure qu'il est on peut dire, en effet, que l'on ne sait plus ce qui est permis et ce qui est défendu dans ce qu'on appelle les affaires. Ces richesses, filles du jeu, ont mis en question les plus simples principes de l'honnêteté, et on peut dire que les monopoles financiers ont été le plus grand agent de démoralisation qui ait jamais existé. La patience, la droiture, la probité, le labeur modeste se sont évanouis devant leurs éblouissements. Si un seul milieu de la société avait été perverti, comme sous Law, passe encore ; mais toutes les classes ont été atteintes !

En même temps, arrivait sur la France l'invasion de tous les parasites qui, en Europe, pouvaient et savaient manœuvrer dans ces équipées, et bientôt, sous la dépendance d'un cosmopolitisme enrichi à nos dépens, nos épargnes se sont éparpillées à tous les vents du ciel. Appuyées sur les monopoles, les coalitions de crédit sont devenues maîtresses absolues du pays ; elles ont pu confisquer à leur profit la liberté de la publicité et la liberté des transactions, et nous avons été à la merci des envahisseurs.

XV

Il est pourtant de la bonne foi de penser qu'en établissant le principe des monopoles financiers, on n'avait pas prévu ses conséquences. On avait été sans doute épris de la théorie du système, et surtout charmé par le contentement de faire quelque chose de nouveau. Les monopoles et les hommes chargés de les faire fonctionner apparurent aux yeux éblouis de la foule suintant l'or par grâce d'état. C'était un mauvais spectacle que les étourdis et les imprudents seuls pouvaient croire salutaire et qui devait conduire à mettre dans les masses cette opinion que l'État, constituant la force comme l'élément primordial de toutes les combinaisons financières, en réunissant dans certaines mains privilégiées les capitaux de tout le monde, c'était aussi la force qui devait dominer dans les combinaisons appelées à satisfaire les exigences du travail.

La coalition des capitaux devait donc amener la coalition de la main-d'œuvre; car les monopoles ont cette funeste influence qu'ils donnent le branle à tous les esprits dans leur direction, et qu'en troublant les droitures natives, ils les entraînent par la désespérance de la justice et du droit dans leur orbite. On ne comprend plus le succès qu'avec leur principe, et la révolte contre leur insolente prospérité conduit, par une contradiction acerbe, à les prendre pour modèle et pour but. C'est ainsi que la ques tion sociale s'est égarée par leur exemple dans les abus de la force. Lorsque les modestes artisans du travail ont vu les combinaisons financières les plus précaires réussir à constituer à vue d'œil d'immenses fortunes, parce qu'elles disposaient d'immenses capitaux et sans d'autres raisons, ils ont conçu cette idée que la force des bras était aussi puissante que la force des capitaux et qu'il fallait user des mêmes procédés pour arriver aux mêmes fins.

Le système des monopoles financiers a donc compliqué le problème social en y introduisant la raison du plus fort. En soulevant tous les appétits, il ne leur a donné pour limite que sa prospérité même, et la poursuite des jouissances et des gains faciles a été désormais le seul mobile de toutes les actions et de toutes les ambitions.

XVI

La féodalité financière, il est vrai, n'a pas à s'inquiéter de la question sociale ; elle n'a rien à faire avec le travail et ses problèmes, car, comme l'a dit Quesnay, « *les fortunes pécuniaires sont des richesses clandestines qui ne connaissent ni roi ni patrie.* » La féodalité financière est donc désintéressée dans la question sociale, cette question s'agite en dehors d'elle et touche à des intérêts qui ne la concernent pas ; elle a été simplement un prétexte arrivé à point pour asseoir sa puissance, mais son égoïsme n'a pas à s'en émouvoir, car demain toute l'industrie pourrait s'arrêter que la féodalité financière ne s'en préoccuperait qu'au point de vue de l'élévation du loyer de l'argent et du prix des valeurs mobilières, et que tout son souci se concentrerait sur le parti qu'elle pourrait tirer de la perturbation qu'éprouverait la richesse publique.

Un jour j'entendais dire à l'un des triomphateurs du système financier, dont j'analyse les conséquences à grands traits : « Vous calculez votre fortune par ses revenus, moi je la compte par son accroissement. » Cette formule a pour effet de substituer l'esprit de spéculation à l'esprit d'épargne. L'esprit d'épargne est le père du travail, de la modération, de la prévoyance, de la tranquillité, de l'ordre et de la sagesse ; il est essentiellement conservateur : l'esprit de spéculation est tout le contraire, il est essentiellement aventureux, il trouve à s'exercer aussi bien dans les désastres que dans les prospérités, qui sont également pour les spéculateurs matière à profit, et dès lors il est politiquement et moralement le plus redoutable danger d'une société honnête et réglée.

Voilà où nous avons été conduits.

Mais retournons aux aperçus généraux de notre sujet.

XVII

Les fortunes industrielles se sont formées à l'aide du travail, de l'économie et du temps. On peut constater la part qu'elles ont prise dans le développement de la prospérité générale du pays par tout ce qu'elles ont fondé et mis en valeur dans le pays même. Elles ont employé des intelligences qui, sans l'avénement de l'industrie et les efforts que commandait la concurrence, seraient demeurées inactives et stériles. L'industrie a découvert tout un nouveau monde d'idées, d'études et de progrès à accomplir ; elle a exercé et développé les aptitudes qui nous étaient naturelles et mis dans nos mains le sceptre du goût qui nous a donné l'approvisionnement du monde entier pour les choses de luxe et d'art. Ce grand rôle de l'industrie a été pris par elle à l'abri de lois fiscales protectrices, ainsi que nous l'avons dit plus haut, dont pouvaient profiter tous ceux qui en étaient capables, et elle n'a jamais réclamé de l'État d'autre privilége que le maintien de la législation qu'il avait lui-même jugé utile de créer, pour que la France luttât contre les nations commerciales et industrielles où l'exploitation des richesses du sol et les conditions du travail existaient depuis longtemps dans des conditions plus avantageuses.

Les monopoles financiers, au contraire, ont réclamé des priviléges particuliers et personnels, avec la participation de la responsabilité morale du gouvernement : ils sont le produit de faveurs qui ne peuvent pas avoir une application générale, parce qu'ils ne résultent pas de lois dont tout le monde puisse profiter. Ils ont tous des programmes différents pour faire croire qu'ils sont appelés à satisfaire des besoins divers, tandis qu'ils se meuvent dans le cercle étroit de quelques individualités qui accaparent toutes leurs ressources.

Cependant en les expliquant au sens politique, la constitution des monopoles financiers avait eu pour but de changer le tempérament du pays, but qui malheureusement a été atteint, et dans les combinaisons officielles leur origine remonte à la volonté de faire peser le poids du pouvoir dans les opérations financières. L'institution-type, qu'on n'a pas pu toutefois reproduire, devait servir à gouverner les variations du prix de la rente de l'État, procurer au trésor des ressources à bon marché et au gouvernement, s'il était nécessaire, des emprunts dans des conditions qu'il dicterait lui-même. L'idée était fausse (1), car

(1) « Qu'on n'espère de ressources pour les besoins « extraordinaires d'un État que de la prospérité de la na- « tion et *non du crédit des financiers, car les fortunes pécu- « niaires sont des richesses clandestines qui ne connaissent « ni roi ni patrie.* » (QUESNAY, 29e *Maxime.*)

les événements qui sont survenus ont commandé d'employer le mode de la souscription publique pour les emprunts.

Presque à sa naissance, l'idée d'institutions de crédit, servant à l'État pour ses besoins, a été inapplicable, et son inutilité a été démontrée. Les opérations ordinaires de régulateur des cours de la rente ne sont pas extrêmement rémunératrices, et il n'est, on doit bien le comprendre maintenant, au pouvoir de personne, de maîtriser et de diriger le flux et le reflux des milliards que représente la dette de l'État. Pour les emprunts faits, pour les emprunts à faire, le rôle des monopoles financiers étant donc sans importance, il a fallu qu'ils recherchassent sur un autre terrain leur justification et leurs profits, et c'est ainsi qu'à l'encontre des prévisions principales auxquelles ils doivent d'exister, ils se sont mis à courir les aventures en tous lieux, organisant incessamment des entreprises de toutes sortes, qui ont eu le jeu pour élément, je veux dire les hasards seuls de la spéculation pour mobile.

XVIII

Et comme il était utile d'avoir une base certaine pour asseoir l'empirisme de ces nouveaux procédés, à l'aide desquels on accoutumait le public à escompter un avenir inconnu à des conditions très-onéreuses, il est arrivé que les monopoles financiers ont conçu le dessein de s'emparer comme d'un spécimen de ce qu'ils allaient accomplir, de tous les chemins de fer français, la seule œuvre féconde de l'association des capitaux.

Cet accaparement est le grand attentat qui a été commis contre la liberté du principe de l'association des capitaux et contre le principe de la concurrence des transports, au moment même où on inaugurait l'ère des traités de commerce, et où l'on ouvrait nos barrières à la concurrence étrangère. On a consacré en concentrant les chemins de fer dans les mains de la féodalité financière la plus funeste des contradictions économiques, car le principe de la concurrence a été une vérité au-delà de nos frontières et une erreur en deçà.

Les chemins de fer étaient créés avant l'ère des monopoles financiers ; ils avaient la faveur publique, les concessions remaniées avec d'énormes subventions et des jouissances de quatre-vingt-dix-neuf ans étaient suffisantes pour mener à bonne fin ces entreprises, et la plus-value considérable de leurs titres le démontrait d'une façon irréfutable. Mais les monopoles financiers en avaient besoin pour enseigne, et, sous prétexte de leur venir en aide dans les crises qu'ils ont eues à traverser, ils ont mis la main dessus.

Ces grandes entreprises ont été réunies dans six colossales compagnies, et pour maintenir les énormes plus-values qu'avait acquises leur capital-action, pour consolider cette plus-value, l'État a été conduit à faire porter, sur un formidable capital d'obligations à émettre, sa garantie d'un minimum de revenu de 4,65 p. 100 qui d'abord avait été destinée à donner du crédit aux entreprises éprouvées par les défaillances de la confiance publique. Il est vrai qu'en même temps on agrandissait l'œuvre de ces compagnies en étendant leurs concessions, mais ces extensions ne pouvaient donner satisfaction à tous les besoins du pays et l'on aurait dû prévoir qu'on serait amené tôt ou tard à provoquer des entreprises de même nature sans leur accorder ces faveurs extraordinaires. Ce système des grandes compagnies, en plaçant toutes celles qu'il était utile de faire éclore à côté d'elles dans des conditions d'inégalité illogique par la différence de leur constitution et de leur organisation financière, a donc soumis tous les progrès de notre viabilité ferrée à ces six monopoles, et l'impossibilité d'agir en dehors d'eux met toute la grande industrie des chemins de fer dans leurs mailles.

Car, en s'emparant de l'entreprise des chemins de fer, les monopoles financiers l'ont organisée à leur image et à leur ressemblance. Maîtres de presque toute la viabilité de la France, ils ont dominé l'agriculture et l'industrie qui doivent désormais renoncer au bon marché des transports si nécessaires à leur prospérité et aux conditions de concurrence dans lesquelles elles vivent, et ils se sont tenus prêts à écraser toutes les tentatives qui pourraient être faites pour modifier cet état de choses.

XIX

Lorsque cette conquête des monopoles financiers a été accomplie par ce qu'on a appelé la fusion des Compagnies, fusion à laquelle ils ont été mêlés parce que c'était une opération financière, quand, dis-je, cette prise de possession des chemins de fer, résultat de leur concentration, a été opérée, les monopoles financiers sont devenus les conducteurs et les manipulateurs de la majeure partie de la fortune mobilière du pays, et ils ont organisé sur cette base ce système des spéculations à outrance et du jeu incessant, qui sont devenus les seuls moyens de faire vivre les affaires qui ont besoin d'avoir recours à l'association des capitaux. Et, comme ce qui restait à entreprendre en France pour compléter les voies ferrées n'était pas suffisant pour entretenir leurs appétits, ils ont laissé les entreprises de la dernière heure se constituer en dehors d'eux, convaincus que par leur puissance ils pourraient toujours les empêcher d'exister, car ils sont les dispensateurs du crédit et ils se considèrent si bien comme les souverains de tous les capitaux disponibles qu'ils traitent comme des ennemis nés tous ceux qui osent élever la prétention de constituer en dehors d'eux des affaires indépendantes.

Dans cette situation omnipotente, persuadés qu'ils étaient appelés à s'enrichir fatalement des dépouilles des entreprises qu'ils auraient dédaignées, et mettant en réserve le partage de ces dépouilles, ils ont cherché ailleurs des éléments pour fournir de gros bénéfices aux immenses réservoirs de capitaux qu'ils avaient formés.

Or, l'engouement du public s'étant porté sur les entreprises de chemins de fer, qui donnaient en France des profits sans cesse croissants, c'étaient des entreprises de même nature qui pouvaient attirer les épargnes du pays. Ceci constaté, il n'y a eu qu'à agir, et c'est ainsi que l'Autriche, l'Italie, la Suisse, le Portugal, l'Espagne et la Russie ont construit leurs chemins de fer avec les économies de toutes les petites bourses de la France. On sait ce qui en est advenu : d'un côté la ruine des bailleurs de fonds, de l'autre l'enrichissement des monopoles financiers. Mais ces enrichissements aussi foudroyants que les gains de loterie ont fait se concentrer tous les capitaux dans les pratiques qui les avaient créés. On n'a plus conçu dès lors que des affaires colossales, appelant à elles des capitaux immenses, centralisant, sous des patronages signalés à la faveur publique par des gains merveilleux et continuels, les épargnes du pays toutes portées vers les mêmes directions et les mêmes appâts.

XX

Cependant, la carrière, quelque vaste qu'elle fût, a été bientôt parcourue, et il a fallu songer à fournir de nouvelles séductions à l'entraînement des capitaux.

C'est ainsi que la reconstruction des villes est devenue un des principaux attributs du système économique qui justifie et maintient ces monopoles : ils sont tous plus ou moins directement ou indirectement mêlés à cette révolution de la propriété urbaine. Il y a là, en effet, à exploiter les hasards des expropriations et un élément de spéculation qui ne devait pas échapper à la poursuite de ceux qui ne reconnaissaient que cette base aux affaires. Ces spéculations sur les terrains urbains, sur les démolitions et les ouvertures de rues n'ont pas augmenté, il est vrai, d'un centime la production du pays, mais elles ont appelé un grand courant de capitaux dans cette direction, et les institutions destinées à venir en aide à la propriété agricole ont appliqué à la propriété urbaine le crédit dont elles disposaient.

Mais, en attirant dans les villes une masse considérable de main-d'œuvre, dont une grande partie déjà avait été détournée vers les chantiers des grands travaux publics de sa destination naturelle, on a détruit l'équilibre dans la répartition des forces du pays et porté un préjudice considérable à l'agriculture.

Et, pourtant, l'agriculture est la véritable source de la richesse nationale, car la propriété urbaine consomme et ne donne rien par elle-même. La maison prend son revenu sur le labeur d'autrui; le travail qu'elle représente est stérile s'il n'est rémunéré par les profits d'un travail qui lui est étranger; en un mot, une maison sans locataires n'a pas de valeur, une ville dépeuplée ne représenterait rien. Il faut donc que la propriété urbaine soit alimentée par le travail de toutes les autres propriétés. Le sol, au contraire, produit par lui-même, tout y donne son revenu, pas une semence n'y reste stérile lorsqu'on l'y a répandue, seul il *produit*, dans la véritable acception du mot. La propriété territoriale étant donc le producteur par essence, la propriété urbaine n'est qu'un consommateur; l'une accroît la richesse du pays, l'autre la mange, l'une inspire la prévoyance, l'autre la dissipation.

Il n'est pas permis, en effet, de contester que cette reconstruction instantanée des villes a donné à la main-d'œuvre des habitudes et des besoins plus impératifs, par suite d'une sorte d'émulation de consommation qui se produit toujours dans les grandes agglomérations. L'activité fébrile donnée aux travaux urbains a créé, par la concurrence des consommateurs condensés sur les mêmes points, l'augmentation de prix de toutes choses. Les ouvriers de ces entreprises ont eu des salaires proportionnellement plus élevés que les autres ; de là, de la part de ces derniers, des coalitions sans cesse menaçantes, le désordre permanent dans les esprits et les mœurs d'une grande partie de la population des villes, qui semble désormais rechercher un moyen de force pour travailler moins et gagner davantage (1).

Mais, ce n'est pas tout, quand on aura

(1) Nous croyons, à propos de cet immense développement donné aux embellissements des villes, qu'on ne trouvera pas la citation suivante inopportune :

« Vous parlez de la prospérité de nos villes. Je ne con-
« nais qu'une véritable prospérité. L'âme humaine grandit-

fini de démolir et de reconstruire les villes, car enfin on arrivera au bout, que fera-t-on alors de toute cette main-d'œuvre déclas-

« elle et prospère-t-elle ici? Ne me montrez pas vos rues « où la foule se pousse, car je vous demanderai : Qui la « pousse, cette foule? Est-ce une cohue à l'âme vile, « égoïste, vouée au culte de l'or, méprisant l'humanité? « Ces femmes que je rencontre sont-elles des prostituées « aux brillantes parures ou des femmes à la mode, oisives, « prodigues, à charge à elles-mêmes et aux autres? « Vais-je y trouver ces jeunes gens qui étalent leur jolie « personne comme le chef-d'œuvre de la nature, qui « perdent les heures dorées de la vie dans la dissipation « et l'oisiveté, et qui portent la débauche sur leur visage « et dans leurs regards? Vais-je y heurter une foule ra- « pace qui cherche à s'enrichir par la fraude et la ruse? « Une foule inquiète et que la crainte du besoin pousse à « des moyens suspects pour gagner de l'argent? Une « foule insoumise qui ne se soucie nullement d'au- « trui, pourvu qu'elle prospère et qu'elle jouisse?... Le « véritable usage de la prospérité, c'est de rendre un « peuple meilleur... Une cité qui pratiquerait le principe « que l'homme est plus précieux que la richesse ou le « luxe serait bientôt à la tête de la civilisation... »

CHANNING. *OEuvres sociales* publiées par M. Laboulaye, p. 265.

sée, déshabituée des champs et des petites villes, accoutumée à des salaires qui s'accroissent sans cesse et qui créent des besoins de dépenses constamment développés et auxquels on sera obligé de donner un nouvel et incessant aliment? Quelles sont les industries, quelles sont les exploitations privées qui pourront remplacer les travaux des villes, et la nature, et l'attrait, et l'habitude et la certitude et le luxe de ces travaux? Et cette élévation à outrance du prix de toutes choses qui rend l'existence si difficile, qui appauvrit tout le monde, et dont les agglomérations et l'élévation factice des salaires sont la cause, où la fera-t-on s'arrêter? et aurait-on le pouvoir de la faire retourner en arrière, lorsque ses excès l'exigeront?

XXI

Si ces considérations sont justes, il est superflu de dire quelle est des deux propriétés, urbaine et territoriale, celle qui intéresse le plus la prospérité du pays ; mais les monopoles financiers, qui ne recherchent que des profits immédiats, qui ne vivent que des perturbations économiques d'où naissent les aléas, n'ont rien à faire avec la propriété territoriale, on le comprend. En s'intronisant les maîtres des chemins de fer, en remplaçant les influences industrielles par les influences financières, les monopoles financiers ont fait de l'industrie leur tributaire; en enlevant à l'agriculture les capitaux et les bras pour les absorber dans leurs œuvres, ils ont désorganisé le progrès agricole (1).

Mais les opérations des monopoles financiers devaient encore s'étendre et presque se concentrer, après l'insuccès des entreprises industrielles d'au delà nos frontières, après la mise en train des transformations des cités, dans les emprunts d'États. Les capitaux disponibles de la France, enlevés

(1) Il est vrai qu'il reste à l'agriculture les enquêtes et les procès-verbaux d'enquêtes :

« Vers l'an 1750, lisons-nous dans le *Dictionnaire philosophique*, la nation, rassasiée de vers, de tragédies, de comédies, d'opéras, de romans, d'histoires romanesques, de réflexions morales plus romanesques encore, et de disputes théologiques sur la grâce et sur les convulsions, se mit enfin à raisonner sur les blés. On oublia même les vignes pour ne parler que de froment et de seigle. On écrivit des choses utiles sur l'agriculture : tout le monde les lut, excepté les laboureurs. »

constamment à ses besoins, sont donc allés s'engloutir en Italie, en Turquie, en Autriche, en Espagne, etc, sans aucune compensation pour les intérêts généraux du pays.

C'est une véritable révolution qui s'accomplit, et, parce que ce mot n'a pas été prononcé, on laisse faire, car ce sont les mots surtout qui nous effrayent. Et pendant que la richesse mobilière se concentre, se féodalise, s'accumule par masses et comme dans des forteresses, le sol, au contraire, se divise, se morcelle et demande d'autant plus de travail, de ressources et d'efforts pour produire, qu'on lui enlève les capitaux et les bras, réclamant ainsi des véritables et indispensables producteurs un labeur plus ingrat et plus pénible, tandis que le travail flottant et factice se développe dans la concurrence des hauts salaires urbains qui n'ont à redouter ni la gelée, ni la grêle, ni l'inclémence des saisons, et qui s'appuient sur la force des grèves. Et, certes, cela est bien, car pas une voix ne s'est élevée pour protester, et les monopoles financiers ont été acceptés à titre de successeurs des monopoles industriels comme influence politique, car sous le patronage du gouvernement ils ont reçu du suffrage universel le mandat de le représenter.

Remontant à leur origine, ils ont même été considérés dans certains cas extrêmes comme des crédits politiques, mots étranges et nouveaux, qui établissent entre le pouvoir et certaines entreprises une sorte de solidarité qu'aucune loi n'autorise et qu'aucune nécessité d'ordre public ou d'intérêt général ne peut justifier.

Comment remédier à ce funeste état de choses? On vient de l'essayer par une loi dont le but était de réagir contre ce qui existe et de rendre accessible à toutes les associations de capitaux la forme sociale jusqu'ici privilégiée de l'anonymat, qui a servi à constituer les monopoles financiers. — Il est trop tard! — Toutes les munitions sont entassées dans ces forteresses et tous les chefs y sont réunis. On n'improvise pas des généraux dans les affaires, pas plus que dans l'armée; on n'a pas voulu qu'il s'en formât de nouveaux, et tous les états-majors qui depuis vingt ans commandent et maîtrisent les affaires sont associés et alliés dans ces priviléges. Ils centralisent dans leurs mains non-seulement d'énormes capitaux, mais les moyens de les attirer, et ils sont pour longtemps les dispensateurs absolus du crédit. Dans cette situation qui leur a été faite, leurs défaillances ont sur la prospérité générale du pays des effets semblables à ceux que leur fiévreuse prépondérance avaient amenés, et les oscillations de leur existence font passer sous la meule toute une génération qui se débat dans la stérilité (1).

(1) C'est par la liberté seule qu'on pourra remédier à cet état de choses. — La nouvelle loi sur les sociétés commerciales ne réformera pas les abus du passé, car elle ne peut avoir d'effet rétroactif. Mais les réglementations et les entraves dont elle est entourée rendront, je le crains, son application aussi difficile que celle de ses aînées de 1856 et de 1863, qu'elle a mission de remplacer. L'impossibilité où l'on sera de se servir de cette législation rendra encore plus formidable l'existence des sociétés financières actuellement organisées, et les préserve d'ore et déjà de toute concurrence. Je le répète, on ne pouvait rentrer dans une situation normale qu'avec la liberté, et je crois pouvoir affirmer que sous ce rapport le contre-projet de M. Émile Ollivier avait rallié l'opinion générale.

Ah! c'est une rude tâche que celle de vouloir tout faire, de vouloir régir par des privilégiés irresponsables les choses de l'intérêt privé, de vouloir élever des sortes de fortunes de contre-poids pour en faire une force ou un instrument politique, car l'on se trouve pour ainsi dire à la merci de ceux qu'on a élevés; on s'imagine que l'on devient solidaire des conséquences d'un système aussi exclusif, et l'on arrive à voir et à comprendre, dans des embarras sans cesse renaissants, que, suivant l'expression de M. Guizot, « l'aristocratie de l'argent est pour le pouvoir un allié périlleux, car c'est elle qui inspire le moins d'estime et le plus d'envie. »

XXII

Cependant, le gouvernement a-t-il fait une « enquête » pour savoir si le mandat qu'il avait donné était rempli? Croit-il que la liberté d'agir doit être sans frein et sans guide à l'ombre des priviléges qui sont la négation même de la liberté, et l'exercice de son contrôle ne lui paraît-il pas être une nécessité dans une cause où la chose publique est si intéressée? A-t-il demandé compte aux institutions qu'il a fondées de l'exécution de leurs programmes? Ces programmes, qui représentent des intérêts généraux, ont-ils été exécutés? Qui a-t-on favorisé? A qui a-t-on donné le crédit? Qu'a-t-on fait éclore de nouveau? Qu'a-t-on mis en valeur? Quelle nouvelle source de richesses a-t-on mise au jour? Qu'a gagné la France à ces coalitions de capitaux? A-t-on produit une gerbe de blé de plus, une tonne de houille, une barre de fer, un mètre de drap, de toile ou de coton dont on puisse dire que ce sont les monopoles financiers qui les ont créés, qu'ils sont leur œuvre particulière et que, sans eux, ils n'auraient pas existé? Non, ces monopoles financiers, les bénéfices qu'ils poursuivent le proclament hautement, ne font que l'usure. Ils ont élevé le loyer de l'argent à un taux inconnu, ils ont rendu impossibles toutes les affaires. Par leurs exigences et leurs exclusions, tout à l'heure par leur impuissance, les conditions de production de toute nature sont devenues plus onéreuses, et ils n'ont rien fondé que la fortune de leurs promoteurs. Ils n'ont rien fécondé, mais leur décadence et leurs prospérités peuvent également tout rendre stérile, et cette centralisation de capitaux fait dépendre des éventualités de son existence tout le travail du pays.

XXIII

On raconte qu'il y a quelques années un banquier célèbre s'était rendu maître de la seule mine de mercure qui fût en exploitation à cette époque. Le mercure étant indispensable au traitement du minerai d'argent, ce banquier, par son accaparement, gouvernait comme il l'entendait la production de l'argent qui, comme on le sait, sert d'étalon monétaire à la France et aux pays qui ont adopté le système décimal ; je veux dire qu'il augmentait ou diminuait la production de l'argent en élevant ou en abaissant le prix du mercure de façon à rendre le traitement du minerai d'argent possible ou impossible, et comme ce banquier est un grand spéculateur en métaux, on comprend ce qu'il faisait. Son omnipotence n'a été atteinte que lorsqu'on a eu découvert des mines de mercure en Californie et au Pérou. Eh bien ! les monopoles financiers, la centralisation financière constitués par l'État mettent la production de la France dans la situation où se trouvaient les possesseurs de mines d'argent vis-à-vis du monopole de la production du mercure, et je n'en dirai pas davantage, car j'ai hâte d'examiner maintenant ce qu'est devenu l'état social tout entier sous la domination des intérêts matériels.

LA MORALITÉ PUBLIQUE

LES MŒURS

LA MORALITÉ PUBLIQUE. — LES MŒURS.

I

J'aurais voulu ne pas m'étendre aussi longuement sur les considérations qui précèdent ; mais c'était indispensable à mon sujet. Les faits généraux, que j'ai analysés, résument tout le mouvement des esprits depuis cinquante ans; ils marquent la dernière limite qu'ait atteinte la confusion des idées : il valait bien la peine d'en tant remuer !

Il ne faut pas toutefois s'en exagérer l'importance, ils peuvent n'être qu'éphémères si l'opinion publique vient à se pénétrer de leurs dangers.

En effet, si les lois ont créé l'obligation impérieuse du travail, indistinctement pour tous les citoyens, tout ce qui empêche le travail de se produire ou absorbe despotiquement son instrument, qui est le capital, se retourne contre le législateur.

Tout ce qui établit la domination de castes, de corporations ou d'institutions sur le travail général est contraire aux lois. Que les castes se réorganisent en haut ou en bas, elles tendent à s'asservir les unes les autres ; que les institutions s'appuient sur l'intérêt de l'Etat ou sur la grandeur de leurs œuvres, le danger qu'elles appellent par les exceptions qu'elles forment, c'est l'abus de la force; les provocations qu'elles entraînent, c'est l'usage de la violence et de la tyrannie sous l'égide de la loi.

La marche logique des choses doit donc amener dans un temps plus ou moins rapproché des modifications profondes dans ce babelisme où la prédominance des intérêts matériels nous a plongés, et il faudra faire rentrer dans l'ordre ces abus divers qui, se justifiant les uns par les autres, tariraient, s'ils se prolongeaient, toutes les sources de notre prospérité.

Mais pour connaître à quelle série d'efforts nous sommes condamnés pour rétablir dans les consciences troublées la notion de ce qui est juste et bon, il faut examiner quelle a été l'influence de la Religion des intérêts matériels sur la moralité publique, sur les mœurs, sur l'état social tout entier.

II

Lorsque la prédominance de ces intérêts a commencé à s'établir, son influence s'est d'abord manifestée dans la manière d'être de la famille. Leur domination a fait asseoir comme des hôtes habituels les angoisses et les soucis au sein du foyer domestique et a rendu les besoins et les devoirs plus aigus. Élevées au milieu de ces épreuves, les jeunes générations les ont prises en aversion, et le nombre des unions conjugales, c'est-à-dire le nombre des existences régulières, a singulièrement diminué. C'est un fait qui n'a pas été constaté dans les publications où l'on s'occupe du recensement de la population et qui mérite d'être relevé. — La population de la France a cessé de s'accroître presque en même temps que se produisait le désordre moral que je signale et qui n'est pas prêt à disparaître avec le système économique sous lequel nous vivons (1).

Ce système, au lieu d'étendre les moyens d'acquérir la fortune, les ayant au contraire

(1) La population des États voisins de la France augmente dans une proportion inquiétante pour sa puissance. L'Angleterre voit doubler sa population en 52 ans, la Prusse, en 54 ans, l'Espagne, en 57 ans, la Russie, en 66 ans, la Grèce, en 44 ans, le Danemark et la Suède, en 63 ans. Il faut à la France, pour atteindre ce doublement, 198 ans, en sorte que si la proportion reste la même, la France n'aura dans 50 ans que 47 millions d'habitants, tandis que l'Allemagne prussienne en aura 67.

concentrés dans quelques mains qui gouvernent le travail et absorbent le capital, le pays tendant par sa constitution financière à laisser faire au sommet d'immenses fortunes, tandis qu'à côté une infinité de fortunes médiocres ne peuvent pas s'accroître parce que les capitaux dont elles auraient besoin sont tous absorbés par les grandes associations; ceux qui n'ont pas été jugés dignes d'être les vassaux des monopoles, étant condamnés à végéter dans l'impuissance; il en résulte que l'on est sans cesse sous le coup d'une sorte de découragement de vivre virilement, que l'on envisage avec effroi les charges et les devoirs de la famille, et que le Français ou reste célibataire ou devient malthusien. On connaît la théorie de Malthus : en la pratiquant, il n'y a plus de nombreuses familles, et la loi du travail est éludée au détriment de la puissance du pays. La statistique, en accusant le chiffre des enfants naturels, donne la mesure du nombre des citoyens qui se condamnent au célibat parce qu'ils redoutent de prendre, dans les lourdes conditions de la vie actuelle, la responsabilité d'une famille. Cette conduite, cette manière de vivre ont pénétré dans toutes les classes, et le paysan lui-même est devenu malthusien.

III

Les autres nations n'ont cependant pas échappé plus que la France à l'influence des intérêts matériels ; mais ils n'y ont pas eu une influence aussi fâcheuse sur les populations; pourquoi cela? C'est que l'éducation familiale y est absolument différente et qu'elle y poursuit d'autres fins.

En France, la tendresse de l'éducation catholique fait régner souverainement le sentiment dans les relations de la famille et pousse aux faiblesses et aux sollicitudes constantes du cœur. Dans les contrées d'où le catholicisme a disparu, la famille au contraire n'est considérée, pour ainsi parler, qu'au point de vue de la reproduction de la race et de la transmission de la fortune. On donne aux enfants l'instruction, on les protége tant qu'ils ont besoin d'être protégés, on pourvoit à leurs besoins pendant tout le temps où ils ne peuvent y suffire eux-mêmes; mais lorsque la puberté se montre, la famille disparaît, elle est depuis longtemps préparée à cette séparation, et l'enfant est livré à lui-même ; l'on s'en détache pour ainsi dire à époque fixe, comme d'un billet à échéance, et on lui laisse sa liberté absolue afin qu'il puisse sans regrets et sans déchirements prendre lui-même la direction de sa vie. On prépare les générations, dès l'aube, à l'aventure et, quel que soit le sexe, à la conquête de leur propre destinée, les contraignant ainsi par l'abandon du foyer paternel à reconstituer elles-mêmes dès la jeunesse une nouvelle et féconde famille Cette dissemblance dans les mœurs explique la contradiction dans les résultats. En maintenant au sein de la famille l'amour du sol, l'horreur des expatriations, l'affectueux besoin d'une tutelle constante, les longues prévoyances, nous nous sommes imposé, en France, des devoirs et des soucis qui nous ont fait fuir leur cause, et nous avons dû subir les conséquences de notre nature qui ne pouvait pas prendre le tempérament âpre et vagabond des peuples cosmopolites.

IV

Nous sommes une race agricole (on l'oublie trop, on l'a trop oublié), vivant dans un pays où la nature est prodigue de ses dons, en sorte qu'il n'en est pas un plus beau sur la terre et qui renferme autant d'éléments de fécondité. Race économe, nous n'aimons pas les témérités et les hasards de la fortune, et nous avons plutôt subi qu'appelé les transformations économiques qui ont changé les conditions de notre bien-être. Dans les ambitions que ces transformations ont fait éclore, nous avons apporté des appréhensions nombreuses et de grandes timidités, et lorsque nous avons été contraints de pousser les jeunes générations vers l'industrie, vers le commerce, vers les affaires et toutes ces branches de l'activité humaine presque nouvelles pour nous, où la responsabilité est constamment en jeu, où l'heur et le malheur se côtoient sans cesse, nous avons pour contre-balancer les avantages que procuraient aux autres nations, dans ces carrières, des qualités et des mœurs différentes des nôtres, demandé l'intervention du pouvoir.

Cette intervention s'est manifestée dans cet empirisme des monopoles qui a eu pour mission de nous fournir pour le combat des affaires les armes que les autres nations trouvaient dans le laisser-faire. Nous avons vu où ce système a abouti, mais le principe s'était déjà étendu partout. C'est ainsi que les écoles de l'État, destinées à leur origine à former des hommes pratiques dans quelques branches de la science, ont vu peu à peu développer le cercle de leur action et ont été détournées de la mission particulière qu'elles avaient reçue lorsqu'on les avait créées (1). Elles ont donc été chargées de préparer des sujets pour toutes les nouvelles carrières ouvertes à notre activité, mais par suite de ces préoccupations particulières à notre organisation fa-

(1) L'École polytechnique a été fondée dans le but exclusif de former des officiers pour les armes spéciales de l'artillerie et du génie.

miliale, dont nous avons parlé plus haut, il a fallu que ces écoles présentassent des garanties et des sécurités à ceux qui y pénétreraient, en leur assurant des priviléges et des faveurs.

On a cru mettre ainsi d'accord nos traditions et l'esprit d'émancipation qui régnait chez les autres peuples, dont nous cherchions à devenir les émules et les rivaux.

On a voulu, par le protectorat des intelligences, leur classification, la certitude des carrières, obtenir les mêmes résultats que par les libres allures. Il ne paraît pas que le progrès ait gagné à cette organisation; nous n'y avons pas rencontré d'initiatives, mais nous y avons trouvé des éléments sans cesse croissants pour l'extension du fonctionnarisme et l'envahissement de l'État sur des terrains fécondés chez les autres nations industrielles par l'énergie des intérêts privés.

V

Au sein même du gouvernement où ces écoles ont rétabli par le lien de la camaraderie cette puissance des corporations que la Révolution avait détruite au nom de la liberté et de l'égalité, on voit donc surgir la tendance aux accaparements de l'Etat et il s'y est rencontré des opinions toutes préparées pour la création des monopoles financiers, et la propagation des théories de l'absorption de toutes les forces du pays dans les mains de quelques élus.

Ces écoles, qui se signalent cependant bien moins par le nombre de leurs disciples que par les positions considérables auxquelles ils sont appelés et qu'ils remplissent, façonnent les intelligences par des procédés mécaniques en les développant et en les concentrant sous des règles rigides dans des encyclopédies où l'esprit s'égare et ne se retrouve que par les efforts gymnastiques de la mémoire ; en sorte qu'elles produisent des hommes éperdus d'instruction, n'ayant plus ni initiative ni originalité, dont le jugement est faussé et troublé, et qui apportent dans les fonctions auxquelles ils sont appelés cette manie de la réglementation, de la domination disciplinaire et de l'entêtement doctrinal dont on se plaint tant sans en voir la cause !

Pourtant, il ne paraît pas qu'il soit sorti

de ces écoles un homme hors ligne, une lumière ou un génie : les serres chaudes ne donnent jamais les fruits de la nature. Si je prends les académies, je n'y vois, en dehors des sciences exactes, qui sont aussi bien personnifiées dans le reste de l'Europe qu'en France, je n'y vois pas, dis-je, un seul nom éclatant, un seul de ces noms qui ont répandu notre renommée, notre langue, nos idées et notre civilisation dans le monde entier, qui puisse être revendiqué par ces écoles ; mais, si on cherchait bien, on trouverait qu'elles ont fourni des adeptes à toutes les utopies, surtout à celles qui tendent à hiérarchiser despotiquement la société. Le socialisme a rencontré beaucoup de recrues dans ces écoles officielles où l'on a la prétention de pourvoir à tout, de suffire à tout, de donner à l'esprit toutes les satisfactions morales et intellectuelles qu'il peut souhaiter et pour lesquelles on a rétabli les coutumes d'exceptions et de priviléges.

Il n'est rien de plus respectable que la supériorité de l'intelligence, mais à la condition qu'elle subisse le sort commun de la responsabilité dans l'action. Il faut donc, pour sa propre dignité, qu'elle atteigne son rang, non pas par ce qu'elle promet, mais par ce qu'elle est. Lui préparer par des priviléges d'éducation un avenir qui n'aura réclamé d'autre effort que quelques épreuves juvéniles, c'est soumettre le pays à une caste qui, formant à chaque génération son expérience à nos dépens, est fatalement condamnée à se fortifier dans la routine et à n'exercer l'autorité qui lui est dévolue qu'au point de vue de la jouissance et du bon plaisir de cette autorité même.

VI

En réclamant l'intervention de l'Etat pour façonner notre tempérament aux progrès économiques, nous nous sommes places sous une tutelle qui aurait pu complétement entraver notre marche, si les instruments mêmes créés par le progrès pour le servir ne nous avaient imprimé toutes les ardeurs de la fièvre.

Ce mouvement irrésistible a tellement bouleversé notre manière d'être, que toujours, par suite de cette habitude que nous avons de charger l'État de satisfaire à toutes nos nécessités, il a dû prendre le soin de préparer lui-même la transformation de nos mœurs et de notre éducation. Les principes de l'instruction ont donc été soudainement changés, et l'Université, créée pour donner une empreinte officielle et uniforme à l'enseignement des belles-lettres et de la morale, a vu sa tradition disparaître dans l'avénement de l'enseignement spécial.

Cet enseignement a eu pour but de fournir à la jeunesse les armes utiles aux combats de la vie industrielle, dans lesquels on ne triomphe cependant qu'avec des qualités qui ne s'apprennent pas, à savoir, la virilité, l'initiative, le caractère, la probité et la volonté. Mais, en parquant les intelligences dans des études qui ne sont fructueuses que lorsque l'esprit a pu lui-même reconnaître ses voies, en abandonnant les grandes semences, on a peut-être fait avorter toute une génération. Ici il n'y avait pas, en effet, l'exutoire des positions préparées d'avance aux élus des écoles de l'État, et les lycées ne donnaient à leurs élèves que le sort commun. Dès lors, n'offrant aucune sécurité de carrière, ne donnant aucune de ces garanties que nous recherchons par horreur de la lutte, abaissant le niveau des destinées et les inégalisant, la tentative de l'éducation spéciale a bientôt été abandonnée au milieu de l'indifférence et du dédain des maîtres.

VII

On ne produit rien de robuste en tyrannisant les séves ; et ce tâtonnement dans les directions, ce changement de base dans l'assiette de la société ont amené un grand trouble dans les opinions et dans les sentiments. Alors, le matérialisme, qui pouvait se reconnaître au fond de toutes ces agitations, est survenu et il s'est emparé des esprits.

Revenant au principe de l'instinct de la conservation, comme la loi primordiale de l'humanité, le matérialisme en a fait le mobile, la règle et la mesure de toutes les actions humaines; dès lors, l'amour, le patriotisme, le dévouement, toutes les vertus qui font la royauté de l'homme ont disparu, et il a été proclamé que la loi souveraine était l'amour de soi. La domination des intérêts matériels appelait le triomphe de cette doctrine qui a engendré le socialisme.

Le matérialisme et le socialisme, après s'être reconnus, se sont unis, mais ils n'ont pu échapper à la logique divine des âmes qui réclame des satisfactions plus hautes que celles des appétits, et ils ont été obligés de se spiritualiser pour vivre. Ils ont dès lors cherché à faire croire qu'ils tendaient surtout aux améliorations morales, qu'ils voulaient relever la dignité humaine, qu'ils allaient faire disparaître la misère, la souffrance et les malheurs du sein de la société! Toutefois, dans ces nobles et grandes visées, ils avaient un précurseur qui les poursuivait aussi depuis dix-huit cents ans en s'appuyant sur des vertus et non sur des intérêts. Ce précurseur, c'était le christianisme ; ils s'en sont donc déclarés les ennemis, et ils ont combiné tous leurs efforts pour l'anéantir.

En s'attaquant au christianisme, le socialisme et le matérialisme se sont donné la joie profonde de concourir à l'abaissement de toutes les supériorités spirituelles. Ils ont détruit le respect, répandu les ténèbres et l'égarement dans les esprits, et obligés de se soumettre au culte des idées ils l'ont sapé dans ses fondements ; car c'est la religion seule qui dépose dans les cœurs, dès le berceau, les germes du surnaturalisme de l'esprit. Sans cette institutrice immortelle, à laquelle remonte l'origine même de la pensée, nous retournerions à l'état social des sauvages de l'Océanie, qui ont aussi pour souverain guide l'instinct de la conservation, cette loi naturelle de la brute. En s'efforçant de détruire la religion, qu'ils n'ont pu, qu'ils ne peuvent remplacer, le socialisme et le matérialisme ont donc, malgré leurs prétentions hypocrites, renié le culte des idées; ils ont tué les nobles aspirations, les hautes ambitions, les espérances éternelles; ils ont livré la société à un désenchantement irremédiable, et les voiles de la léthargie nous ont enveloppés.

L'imagination et l'intelligence ont perdu la passion des grandes choses, et on n'a plus conçu que des œuvres arides destinées à agir sur les instincts grossiers de notre nature et à aiguiser les raffinements caducs de notre esprit. De là, dans la littérature et dans les arts, l'abandon de l'idéal et des visées épiques; plus de poursuite dans les sommets, et substituée aux œuvres spiritualistes la photographie matérielle des sujets sur lesquels on s'applique.

VIII

Cependant, il semblerait que, malgré tout, depuis quelques années, on ait voulu donner une place d'honneur à ce qu'on nomme plus particulièrement l'art, en faisant beaucoup de bruit autour de la peinture et de la sculpture. On se dispute les œuvres des artistes renommés; pour les posséder, il n'est pas de sacrifice qui coûte, on les estime à l'égal d'un joyau, et c'est passé à l'état de manie dans les mœurs. A première vue, on pourrait y voir le témoignage de l'élévation du niveau intellectuel; mais en y regardant de près, on s'aperçoit bien vite que la vanité est le seul mobile de ce faste inconscient et qu'il est mis sur la même ligne que celui des chevaux de course ou de tout autre luxe d'apparat. C'est la richesse qui étale sa force et qui la fait contempler : tout enrichi de vingt-quatre heures, voulant avoir l'air d'être né pour cette destinée, applique sa fortune fraîchement éclose aux choses d'art, qui deviennent pour lui comme ses lettres de noblesse.

Toutefois, si l'art progressait, au milieu de ce crédit qu'on lui offre de toutes parts, peut-être y aurait-il une compensation au rôle qu'on lui fait jouer; mais est-il permis d'affirmer qu'il en est ainsi, lorsqu'on voit les munificences ne s'adresser qu'aux œuvres qui ont reçu du temps et de la consécration de l'opinion une valeur mercantile? Car, les encouragements, qui paraissent accordés aux arts par l'aristocratie de l'argent, n'ont qu'un effet rétrospectif; ils ne touchent qu'aux œuvres passées à l'état de monnaie ou de valeur d'échange, qui flattent la vanité ou constatent l'opulence par la renommée ou par un éclat authentique, et affirment à la fois et l'habileté financière de celui qui en fait étalage et les capitaux dont il dispose. Les feudataires des intérêts matériels n'ont, personne ne le contestera et je le répète, que des faveurs rétrospectives, ils n'aident que ceux qui sont arrivés, ils ne patronnent pas, parce que le patronage offre des chances qui peuvent ne pas être avantageuses et que le rôle de Mécènes n'est pas pratique. Cependant ils daignent quelquefois se montrer bons princes pour quelques contemporains d'une notoriété incontestable et cotée à la bourse des commissaires priseurs, mais à quelles conditions? L'art est obligé de descendre à leur niveau et il subit des entraînements qui le compromettent. Sommes-nous bien loin de fournir un nouvel exemple de cette décadence où l'art est tombé lorsqu'il quitte les sentiers austères du beau, du noble et de l'idéal?

Il est vrai que par une sorte de protestation instinctive contre les abaissements auxquels il est exposé, contre les complaisances auxquelles il est obligé de se prêter, on a voulu renouveler sa carrière et lui donner pour mission de représenter décemment les idées matérialistes sous le couvert d'un mot nouveau, « le réalisme ». Pour une société en somme indifférente aux nobles jouissances de l'esprit, dont l'art est la suprême expression, pour un milieu banal et des esprits mercenaires le mot a été bien trouvé, car il sert en même temps de voile à l'impuissance et d'excuse à ceux qui ne poursuivent dans l'art que l'exercice d'un métier comme un autre, d'où l'on doit retirer le plus de profit que l'on peut. Sous cette influence, les œuvres artistiques ont été conçues et exécutées avec la rapidité des œuvres industrielles et dans les conditions de leur production. Le spectacle des succès acquis par les combinaisons aléatoires, l'abandon où sont laissées les pratiques de l'étude, du travail et de la règle qui ne conduisent à un résultat que par une série d'efforts; le triomphe des procédés de ce qu'on a appelé l'habileté aux dépens de ce qui avait toujours été honoré sous le nom de conduite et de persévérance, tout cet ensemble de révolutions dans les principes de morale a eu sur l'art les plus funestes conséquences. Il s'est fait marchand, vendeur, quémandeur, courtisan d'une sorte de plèbe intellectuelle dont il sert les caprices et le mauvais goût; car la manière de vivre de la société, l'instabilité des fortunes l'obligent à se prêter aux convenances de chacun, à la mesure de toutes les prétentions, à la rapidité de tous les désirs, aux exigences de toutes les ostentations. Et alors, il faut exécuter vite et au hasard des inspirations, sans le recueillement et sans les longues pensées, en faisant abnégation de ses instincts, en les comprimant, en sorte que l'on fait de petites choses, pour de petits cadres, avec de petits sujets à la portée de tout le monde. En proie aux préoccupations du mercantilisme, les artistes ne se sont plus respectés eux-mêmes. Cependant les faveurs et la considération dont on les entoure ont multiplié les rivaux dans cette arène, mais le talent qui s'y déploie se ressent du peu d'élévation auquel il est obligé de songer et il s'imprègne d'une sorte d'uniformité raffinée qui peu à peu détruit l'originalité et conduit certainement à la décadence. L'Art n'a qu'à péricliter en servant de prétexte à un faux luxe, en devenant un faste de mauvais aloi; il ne trouvera en effet dans ce milieu ni un appui pour ses progrès ni une censure pour ses écarts; car si on visite les galeries des enrichis on se convaincra qu'elles ne seront jamais que des boutiques de marchands de tableaux, l'éducation et le sentiment personnel du maître ne pouvant se reconnaître en rien dans ces pandémoniums qui ne sont qu'un simple et fastueux témoignage d'opulence, dépourvu de délicatesse et de caractère. Ah! nous sommes bien loin aujourd'hui des fermiers généraux, des grandes habitudes et des grands goûts qu'ils avaient, et dont nous retrouvons les traces dans l'architecture, dans la peinture, dans la sculpture, dans la gravure, dans la bibliophilie et jusque dan l'ameublement!

L'Art, véritablement protégé, parce qu'on lui laissait son indépendance et que l'on commandait des œuvres au lieu de les acheter toutes faites, a pu, à l'aide des largesses des financiers du siècle dernier, déployer son originalité dans toutes ses branches;

il a laissé une empreinte et un style particulier qui a son nom et sa date, qui définit l'époque, tandis qu'il est véritablement impossible de dire quelle est sa signification, quel est son caractère dans cette présente période historique du cosmopolitisme et du clinquant, où le trafic, son but, sa préoccupation absolue, et ses effets sont l'élément primordial en toutes choses. — Que laisseront les gens de ce temps-ci? Quelle architecture? Quelle peinture? Quelle littérature? Car si du domaine de ce qu'on a appelé plus particulièrement les arts nous passons dans la littérature, quelle décadence n'allons-nous pas constater!

IX

Ah ! la pauvre littérature, à quoi en est-elle réduite !

Elle n'est pas matière à ostentation : le livre ne s'accroche pas aux murs comme un tableau, il n'est pas un étalage, il ne flatte pas la vanité, bien au contraire ! Vous ne trouverez pas une bibliothèque chez ces trafiquants qui tarifent les arts. La bibliothèque ! ils n'auraient pas le temps d'y regarder, elle n'est pas un objet de faste, et ce qu'elle contiendrait pourrait troubler la quiétude de leur conscience.

Je n'ai pas à examiner quelle était la position matérielle des poëtes, des historiens, des philosophes, des savants et des artistes avant 89, je parle de notre état social, je n'ai pas à juger s'il est meilleur ou pire que l'ancien, et comme je ne crois pas qu'on veuille retourner en arrière, je n'ai qu'à rechercher les raisons qui ont abaissé la littérature.

Autrefois la carrière littéraire était considérée comme le résultat d'une vocation, comme l'impérieux exercice de dons particuliers, et on y rencontrait ces puissantes originalités qui ont créé les méthodes d'écrire et de penser. C'était une vocation comme celle de la chaire, où l'on était poussé par des facultés innées; aussi le nombre des écrivains dignes de ce nom était-il fort restreint. Aujourd'hui une grande quantité de personnes savent à peu près écrire leur langue ; beaucoup d'issues étant fermées faute de libertés, l'instruction est devenue par elle-même une ressource courante, et maintenant c'est un métier que de faire de la littérature.

Mais, du moment que c'est un métier d'écrire, ce que l'on produit dans ce métier est une marchandise, qui subit, pour ainsi parler, la loi de l'offre et de la demande, et les opinions, et les convictions sont simple matière à des plaidoyers contradictoires d'où l'on a pris l'habitude de se dégager soi-même à la manière des avocats. Je ne veux pas dire cependant que tous les écrivains sont sans convictions, mais je crois que dans ce cas les exceptions, quel que soit leur nombre, confirment la règle. Ce que je tiens à exposer, c'est que logiquement celui qui vit de sa plume ne peut pas être indépendant, et qu'avec le système des monopoles, des priviléges et des réglementations, qui l'obligent à subir la loi d'un journal, d'un éditeur ou d'un imprimeur, lesquels ont à compter avec le bon vouloir, la protection ou l'ostracisme de tels ou tels, il ne peut pas en être autrement. Quelles que soient ses protestations, et elle a le droit d'en faire, et plusieurs sont autorisés à les signer de leurs noms, quelles que soient ses prétentions et ses supériorités, la littérature, a perdu désormais, par sa façon d'exister, son prestige, sa considération et ses droits, et elle est contrainte, au milieu de l'indifférence universelle, de servir au théâtre, dans le roman et dans le journalisme des mets de haute épice pour avoir des chalands.

X

Au théâtre, on ne sait plus ce qu'elle est. Sous l'Empire, le théâtre était retourné à la tradition classique; sous la Restauration, il avait entretenu et développé la fibre patriotique; sous le Gouvernement constitutionnel, il avait été novateur avec de grandes allures littéraires; aujourd'hui il n'a plus aucun caractère. Il est devenu la nouvelle à la main de nos scandales journaliers, des ridicules de nos goûts, de la viduité de nos besoins intellectuels; il n'a plus à satisfaire que des curiosités morbides, à éveiller que des émotions de boudoir;

et lorsqu'il quitte les sentiers du lascif et du grotesque, il convie à l'exhibition d'exceptions malsaines, où beaucoup de gens, en se reconnaissant, s'absolvent et sont justifiés.

Près du théâtre, on fabrique avec un grand succès une petite denrée littéraire qui se débite dans de petites feuilles quotidiennes et procure des revenus de sénateurs à ceux qui l'offrent au public. Cette denrée satisfait suffisamment à nos besoins intellectuels; elle est à l'unisson de nos sentiments et de nos goûts. En même temps que nous nous en nourrissons, les véritables écrivains travaillent, vivent et succombent dans le dénûment, et les livres sérieux et sincères n'ont ni acheteurs ni lecteurs.

Dans le roman la mise en scène, la fantasmagorie des aventures de héros de police correctionnelle et de cours d'assises ont remplacé ces études psychologiques qui avaient donné à ce genre de littérature un si grand éclat; si l'on y quitte quelquefois le sentier des tribunaux, c'est pour tomber dans l'alcôve. Cela satisfait pleinement des lecteurs blasés, sans curiosité et sans jugement, pour lesquels tout doit être simple matière à des distractions et à des divertissements faciles, parce que rien ne les intéresse qu'eux-mêmes.

XI

A côté, cependant, s'est développée une littérature qui donne le véritable caractère de l'époque, je veux parler de la littérature critique. Cette littérature régente le domaine supérieur des lettres, et il n'existe plus que des littérateurs critiques, des philosophes critiques, des historiens critiques, des poëtes critiques, des savants critiques, et il n'y a jamais eu un si grand nombre, et si compact, et autant en vue, et autant en faveur, d'esprits chagrins faisant de tout ce que pensent, croient, espèrent ou aiment les autres matière à une sorte d'autopsie sans trêve, où il n'est d'autre préoccupation que le succès même du spectacle que l'on donne et l'étalage du savoir que l'on montre. Voilà la véritable littérature de ce temps-ci ; ce n'est pas une littérature vivante, et, pour se soustraire à son pédantisme, on a pris l'habitude de demander au journalisme seul la satisfaction de tous les besoins intellectuels, en se contentant de la pâture quotidienne qu'il donne.

XII

La profession d'écrire a trouvé dans le journalisme sa consécration; mais c'est aussi là que le métier, puisque métier il y a, s'est trouvé exposé aux plus persistantes accusations de vénalité, et le rôle qu'a joué la presse financière n'a que trop justifié ces accusations. Mais pourquoi les écrivains seraient-ils blâmés d'avoir été payés pour soutenir telle ou telle entreprise, lorsque les hommes enrichis sur la ruine du public sont couverts d'honneurs (1) et entourés de considération par suite et en raison même des hardiesses et des impudences dont ils ont profité? Ce sont les dominateurs des intérêts matériels qui sont ici les vrais coupables ; ce sont eux qui ont créé la vénalité de la presse, qui, en la soudoyant pour servir à leurs élaborations constantes, lui ont donné l'habitude de se faire salarier pour prêter son appui à toutes les causes qui payent, mais seulement et exclusivement à celles qui payent, en sorte que le rôle de la presse est devenu une simonie constante, d'autant plus désastreuse que les lois avec les exigences administratives et fiscales ont

(1) Si au prix, qui doibt être simplement d'honneur, on y mêle d'autres commoditez et de la richesse, ce meslange, au lieu d'augmenter l'estimation, la ravale et en retranche.

(MONTAIGNE. — *Des récompenses d'honneur.*)

encore là constitué des monopoles et des priviléges. Le silence étouffe toutes les publications qui déplaisent à ces monopoles et à ceux dont ils dépendent, et elles sont soumises en tous cas à une censure occulte qui ne donne l'estampille que suivant son bon plaisir.

Ces monopoleurs sont semblables à ces chefs de bande du moyen âge qui mettaient leurs mercenaires au service de toutes les causes qui les payaient, en sorte qu'ils peuvent être dans les questions où le sentiment public ne se manifeste pas avec décision les complices et les serviteurs des intérêts les plus contraires à l'intérêt général, et c'est là un grand danger qui devrait être toujours présent à l'esprit du législateur (1).

(1) Les monopoles écrasants sont un péril dans la sphère de la pensée comme dans celle de l'industrie. Si

Mais, je le répète, les écrivains, en se faisant rémunérer des services qu'ils rendent, en exigeant même impérieusement quelquefois comme un droit de fortes rétributions, et en allant à cet effet jusqu'à la menace, n'ont fait que suivre les exemples qui leur

le monopole industriel peut confisquer ou altérer le produit, le monopole du journalisme peut dissimuler ou fausser l'opinion.

(*Rapport de M. Pinard, conseiller d'État, sur la loi sur la Presse*) (1867).

La presse est à la discrétion absolue des annonces, qui remplissent souvent la troisième et la quatrième page des journaux. Il est impossible à un journal de vivre s'il n'a pas cette ressource des annonces, et comme les grandes feuilles politiques les absorbent presque entièrement, cette absorption les constitue en réalité en monopoles. Hors les dix journaux qui les accaparent, il n'y a pas d'existence assurée pour une feuille politique. Par ce lien de l'annonce et par une infinité d'autres raisons, la presse a complétement enchaîné son indépendance dans les questions financières et industrielles, et elle est muette toutes les fois qu'il y aurait à blâmer en ces matières.

étaient fournis par ceux mêmes qui, en se servant d'eux, en les rendant leurs complices, se plaignaient de leurs exigences, après avoir trouvé par des procédés analogues la richesse et le premier rang dans la société.

C'est ainsi que la force organisée à l'abri des priviléges conduit partout à des excès et à des perversités qui corrompent, désorganisent, désunissent tous les éléments d'existence de la société, car personne n'est content de son sort.

XIII

Au milieu de cet effondrement de tous les principes moraux, les mœurs et les habitudes sont remplies à la fois de dépravation et de banalité; il n'y a plus de démarcation; toutes les actions sont indifférentes, il n'en est pas une qui excite soit la réprobation soit les applaudissements : on n'est plus sensible au déshonneur ou plutôt il n'y en a plus, la mesure est égale pour tout. Du moment que l'on a atteint la fortune, on ne s'inquiète plus comment elle a été acquise, on accourt de tous côtés faire sa cour aux enrichis, les salons s'ouvrent à tout venant.

Une immigration a eu lieu qui ne représente plus des proscrits politiques, des vaincus d'une idée, mais des proscrits de causes inconnues qui viennent montrer leurs richesses et que nous absolvons par l'empressement malsain avec lequel nous les accueillons et leur donnons notre acquit. Ceci peuple désormais Paris, occupe la renommée courante, s'organise en colonie solidaire, s'empare de toutes les issues, s'associe à toutes les expéditions financières qui ont pour but d'éparpiller nos épargnes dans toutes les directions, se forme en groupe pour nous exploiter, met son veto sur tout ce qui ne lui paye pas un tribut élevé, et nous sommes conquis et rançonnés plus sûrement et plus complétement que si l'ennemi avait envahi notre frontière, car au moins dans ce cas nous pourrions nous défendre, nous nous battrions, et ici nous sommes désarmés. Ces gens-là entrent chez les monopoles, en font partie ou en sont les agents, et voilà comment une centaine d'individus ont à leur disposition toute la fortune mobilière de la France, qu'ils finiront par posséder tout entière.

« Laissez-leur prendre un pied chez vous. . . . . . .

. . . .

L'apathie de l'esprit public, la dissipation et l'étourdissement dans lesquels il vit servent parfaitement ces conquérants. Ils n'ont cependant pas tous une ceinture dorée, et la plupart sont venus en France avec, pour tout bagage, une volonté violente de se rendre maîtres d'une partie de ses richesses et une éducation préparée à toutes les finesses du commerce de l'argent. Leurs succès ont appelé sans cesse de nouvelles recrues, et peu à peu ils ont fini par constituer un corps puissant qui distribue ou retient le crédit à sa volonté, auquel toutes les grandes affaires sont forcées de payer la dîme sous peine de ruine, qui a participé à toutes les faveurs de l'Etat sans avoir les charges et les devoirs de citoyen, et qui en a profité pour faire engloutir dans les pays étrangers une quantité énorme d'argent français dans des entreprises dont ces pays profitent, mais auxquelles ils se sont bien gardés de participer. En outre donc des monopoles financiers, les capitaux français, les affaires françaises sont sujets à l'oligarchie de banquiers qui sont tous de race ou d'origine étrangère et agissent sur le marché français, très-souvent inspirés par leur patriotisme aux dépens du nôtre, et toujours mûs par des intérêts qui n'ont aucune considération pour le bien-être particulier de notre pays. On leur a même permis d'implanter chez nous des institutions financières accordées par des gouvernements étrangers, et, placés ainsi en dehors de notre droit commun, ils ont eu à leur service des instruments de crédit dont on nous aurait refusé la création si nous l'avions demandée.

Les affaires françaises se sont ainsi trouvées enveloppées par un faisceau de coalitions servies par une police très-vigilante qui s'exerce au moyen des relations nombreuses des banquiers étrangers devenus souverains à la Bourse de Paris, où la liberté des transactions a été détruite, en sorte que hors de ces groupes il n'y a eu de salut pour personne.

XIV

L'opinion qui s'attache au succès s'est laissé circonvenir, et la banalité de nos mœurs a permis que nous fussions exploités sans protestation. Le peu qui nous restait de sentiment indigène (qu'on me permette ce mot, je n'ose pas dire patriotique) s'est effacé devant ce spectacle d'immenses richesses acquises à nos dépens, et la démarcation sociale qui existait encore il y a trente ans entre ceux qui avaient acquis leur fortune dans les voies patientes d'un long labeur et ceux qui ne les devaient qu'au hasard ou aux habiletés douteuses de la spéculation; cette démarcation a disparu.

Il en est résulté ce grand trouble moral dont nous avons eu souvent occasion de parler dans cet écrit. La protestation des honnêtes gens est maintenant sans écho, d'autant plus qu'elle se produit dans ces classes de la société qui n'ont pas l'existence bruyante et où l'on a encore conservé quelques principes. Aussi le champ n'est-il plus ouvert qu'aux audaces et aux impudences, et on ne cherche plus à assurer son sort dans les voies ordinaires.

XV

Cette lamentable désertion de tous les principes et de tous les sentiments a fait une grande victime. Cette victime, c'est la portion de la société qui a fait la société, qui a été son honneur, qui peut revendiquer la civilisation moderne comme son œuvre parce qu'elle a été le vaillant propagateur de toutes les émancipations et de tous les progrès. — C'est cette portion de la société qui concentre dans son sein le faisceau des intelligences, qui conserve la foi et le respect à leur supériorité, et qui ne reconnaît pas d'autre souveraine; c'est le milieu social qui est opprimé. Placé entre la richesse qui est devenue la base d'une nouvelle féodalité et les appétits dominateurs qui conduisent le nombre, ce milieu social est écrasé entre ces deux forces, et le pays, n'ayant plus qu'une tête et des pieds qui agissent, a paralysé ses entrailles. « *Feri ventrem*, frappez « aux entrailles », disait Agrippine aux assassins que lui avait envoyés son fils Néron. Perdu, oublié, mis dans l'ombre par l'agitation absorbante des intérêts aux deux extrémités de la société, le milieu social, devenu une minorité sans influence, n'a pu rien faire surgir de son sein, ni un nom, ni une œuvre, et l'avenir appartient à l'inconnu.

Cependant, dans les luttes auxquelles nous expose la prédominance des intérêts matériels, les notions du devoir et du droit obscurcies ne paraissent plus conservées qu'au sein de ces minorités dédaignées. La foi dans le droit est, en effet, l'unique soutien des minorités, car si cette foi les abandonnait, elles seraient perdues, et on peut dire qu'à certains moments les minorités en ont seules la conscience, car elles ne peuvent vivre qu'en s'appuyant sur lui, et leur existence sert à prouver que le droit subsiste encore.

Il faudrait donc les respecter ; mais avec la fureur des appétits que respecte-t-on?

XVI

Le capital, accaparé par quelques individus et réduisant l'intelligence à la vassalité, la main-d'œuvre imposant sa loi prépondérante aux têtes qui la dirigent, quoique ce soit sur les têtes que retombe exclusivement le poids redoutable de la responsabilité et des risques; d'un côté la force de l'argent imposant son despotisme absolu au travail concepteur, de l'autre la force du nombre menaçant sans cesse de changer les conditions d'existence de la production, telle est la situation des choses.

Cette situation ressemble par ses effets à

une certaine époque de l'empire romain ; au moment dont nous voulons parler, on vit ce grand empire avoir recours aux chefs puissants d'armées étrangères pour se débarrasser du souci que lui donnaient ses prospérités.

Il appela les Barbares, c'est-à-dire la force brutale, et la prit à son service : il les arma dans un esprit de conservation, il combla leurs chefs d'honneurs et de richesses, il les fit les dispensateurs de la sécurité et de l'ordre, et il se crut pour jamais en repos. Mais, lorsque les Barbares et leurs chefs comprirent ce qu'ils pouvaient faire de leurs armes, et qu'en réalité ils étaient les maîtres, ils désertèrent la cause du droit et de la loi qu'ils avaient reçu mission de défendre, et ils combattirent pour leur propre compte et la satisfaction de leurs ambitions égoïstes et de leurs convoitises ; dans ce suprême combat, la fortune de l'empire romain fut engloutie. Il n'avait plus de croyance ni dans ses dieux, ni dans lui-même, les idées et les sentiments civiques avaient disparu, la dissolution des mœurs, l'apathie et l'indifférence de la chose publique l'avaient désorganisé, les Barbares le détruisirent. Au milieu de l'énervement des âmes et du scepticisme des cœurs, dans les convulsions des troubles moraux et matériels qui en étaient la conséquence, ce grand empire qui n'avait plus ni foi ni loi, qui avait étendu le droit de cité à tous les peuples conquis et introduit ainsi comme nous, dans son sein, le dissolvant du cosmopolitisme, cet empire, rempli de richesses et de puissance, fut vaincu, disloqué, démembré par des peuplades comme lui, sans croyance, et qui ne reconnaissaient d'autre Dieu que la force.

Et si le monde alors ne s'est pas abîmé dans des ténèbres sans fin, si l'ancienne civilisation n'a pas disparu tout entière au milieu de cette colossale épopée de la rapine et de la destruction, c'est que les Barbares se sont trouvés tout à coup devant un ennemi inattendu, qu'ils ne connaissaient pas, contre lequel ils étaient sans défense; cet ennemi qui les a arrêtés, qui les a subjugués et qui a fait des esclaves soumis et volontaires de ces maîtres farouches, c'était une idée, une idée de Foi, c'était une croyance, le Christianisme. Attila s'est arrêté devant saint Léon.

XVII

Ne sommes-nous pas aussi arrivés à une de ces époques critiques où il est besoin que l'intervention des idées arrête la décadence de la civilisation, la rajeunisse et la guide ?

La société oscille comme un homme ivre, et elle est, en effet, ivre de tous les excès. Les règles qu'on lui donne sont arbitraires, le tempérament qu'on lui fait est factice, les appétits qu'elle a sont déréglés, la discipline qu'on voudrait lui imposer est inefficace parce qu'elle est contraire à sa mollesse, et les conducteurs qui la mènent ne font qu'exciter l'envie en même temps qu'ils sont de mauvais exemples. La satisfaction de ses besoins devenue sa préoccupation dominante l'irrite et l'égare, elle se repaît de formules subversives et met tout en question pour s'exonérer de la condition naturelle qui a réparti inégalement les dons de Dieu.

Il est inutile de parler de vertus civiques dans ce chaos : ces propos seraient simple matière à risée ; il ne s'agit que d'intérêts, rien que d'intérêts, il faut que cela soit bien entendu. Eh bien, les intérêts, que commandent-ils pour leur sauvegarde? Que faut-il qu'ils opposent à l'invasion de la barbarie qu'ils ont appelée? La seule chose qu'ils méprisent, la seule chose qu'ils redoutent, la seule chose qu'ils combattent, la seule chose qu'ils méconnaissent, la seule force qui dompte et subjugue toutes les autres, la Liberté !

La liberté qui règle, modère et pondère tout, la liberté politique, la liberté religieuse, la liberté économique, la liberté dans toutes les manifestations de l'esprit : voilà le rempart contre tous les assauts des appétits désordonnés, voilà le rajeunissement de la civilisation, voilà son salut. Il faut que le pouvoir nous débarrasse de sa tutelle. Par la vigilance et la vaillance que réclame l'exercice de la liberté, nous retrouverons notre virilité perdue, et nous pourrons faire sentinelle devant tous les envahissements qui nous menacent, devant toutes les questions qui nous inspirent la peur !

XVIII

La liberté n'a jamais régné nulle part encore; ce qu'on a appelé de ce nom n'était pas la liberté. Il y a toujours eu de la violence et de l'intolérance dans ce qui s'est présenté dans le monde avec ce drapeau! La liberté, ayant pour limite la liberté d'autrui, c'est une pondération, le mot vient de « libra », qui veut dire « balance »; aussi n'a-t-elle pas de plus grand ennemi que la force, et, lorsqu'elle s'en sert, elle n'est plus la liberté. L'histoire de notre Révolution le constate à chaque pas, et, pour expliquer ses erreurs, un historien illustre (1), dans un livre qui a eu un grand retentissement, a développé cette pensée : que la Révolution française n'avait pas donné tout ce qu'elle promettait, qu'elle avait été détournée de ses fins, parce qu'elle n'avait pas été, en même temps qu'une réforme sociale et politique, une réforme religieuse. Si la Révolution française s'était proclamée fille de Luther, au lieu de se dire jusqu'à l'avénement du culte ridicule de l'Être suprême, la fille de l'Église, cette Révolution aurait accompli toutes ses phases, et nous aurions cueilli tous les fruits qu'elle faisait espérer.

Cette théorie est profonde : la religion est, en effet, l'idée par excellence, et l'unique et éternelle cause de l'agitation hu-

(1) Edgar Quinet, *La Révolution.*

maine c'est l'idée, parce que c'est la seule chose immortelle dans l'humanité et qui soit un héritage commun. Au fond des anxiétés et des turbulences qui nous agitent actuellement, on apercevra peut-être un jour qu'il n'y a qu'une idée religieuse combattue, défendue, vaincue ou triomphante.

Mais si la Révolution française avait décrété la Réforme, sans m'arrêter au monstrueux attentat qu'elle aurait commis contre les consciences, je veux simplement constater qu'étant obligée d'avoir recours à la violence pour se faire l'apôtre de la liberté religieuse, elle aurait elle-même sapé ses fondements dans leur base. Ce qui fait, en effet, la grandeur de la Révolution, c'est l'universalité de son dessein et de ses principes. Elle a voulu non pas émanciper une nation, mais l'humanité, et en cela elle s'est donné la mission qu'avait poursuivie avant elle le Catholicisme.

On regarde trop aux hommes dans la marche et les effets des idées. « C'est mal « raisonner contre la religion, a dit Mon- « tesquieu, de rassembler une longue énu- « mération des maux qu'elle a produits, si « l'on ne fait de même celle des biens « qu'elle a faits. »

Une religion qui s'applique à tous les climats et à toutes les époques, qui n'a à tenir compte ni des milieux, ni des traditions, ni des conditions de civilisation particulières à telle ou telle contrée, parce qu'elle est supérieure à tout ce qui a existé et qu'elle amène partout avec elle l'élévation du sentiment moral, cette religion ne devait pas être traitée en ennemie par ceux qui avaient la généreuse prétention d'émanciper le genre humain. C'est une des gloires de cette religion, Fénelon, qui a dit, je crois : « J'aime « mieux Dieu que ma patrie, ma patrie que « ma famille, ma famille que moi-même. »

La société a d'abord été patriarcale, ensuite elle a été civique, et le citoyen, sortant alors du cercle étroit du foyer domestique, a soumis l'intérêt de la famille à celui de la patrie; puis est arrivée une conception plus haute qui a impliqué une civilisation de peuple à peuple, une unité de tendances morales, une législation spiritualiste des devoirs de l'humanité, et c'est le Catholicisme, fondateur de la société universelle, qui est le véritable auteur de cette civilisation. Aussi, dans le malentendu tragique qui existe entre le Catholicisme et la Révolution, ne pourra-t-on arriver à la trêve de Dieu que par la liberté! L'un et l'autre sont fils de la lutte; ils ne seraient rien s'ils n'avaient pas combattu et la liberté ayant été et demeurant leur arme, c'est elle qui dissipera leurs inimitiés en mettant les idées au-dessus des hommes et les résultats au-dessus des moyens. Il faut qu'une entente se fasse, et elle se fera, car on ne pourra pas remplacer la conception catholique à moins que l'on ne veuille détruire le christianisme (1).

XIX

En effet, aussitôt qu'un grand ébranlement se produit dans une société qui repose

(1) Dans le prologue de son livre intitulé : *De la Justice dans la Révolution et dans l'Église*, P.-J. Proudhon, qui

sur le christianisme, mais qui a renié la loi et l'autorité chrétienne représentées par le catholicisme, on s'aperçoit tout à coup que cette société perd la notion du juste et de l'injuste, du droit et du devoir. C'est ainsi que l'on a vu dans la guerre civile des

veut prouver que « *toute religion est inutile* », s'exprime ainsi au sujet du catholicisme :

« Je n'aurai pas cette présomption étrange, partant de l'hypothèse que l'idée de Dieu est indispensable à la morale, de me croire plus capable que l'Église, plus capable que le genre humain, qui y a travaillé plus de soixante siècles, de détruire en théorie et de réaliser en pratique une telle idée. Je me serais incliné devant une foi si antique, fruit de la plus savante et de la plus longue élaboration dont l'esprit humain ait donné l'exemple ; je n'aurais point admis un seul instant que des difficultés insolubles dans l'ordre de la science conservassent la moindre valeur dès qu'il s'agissait de ma foi ; j'aurais pensé que c'était là précisément ce qui faisait le mystère de ma religion, et pour avoir écharbotté quelques filasses métaphysiques je ne me serais pas cru un révélateur. J'aurais craint surtout d'ébranler chez les autres, par des attaques imprudentes, une garantie que moi-même j'aurais déclarée nécessaire ». (Pages 35 et 36.)

États-Unis le congrès de la Caroline du Sud appuyer sur la Bible, sur les versets de la Bible la légitimité de l'esclavage (1), et le Gouvernement fédéral lui-même, pour se débarrasser de cette question, proposer la transportation en masse des esclaves. Presque en même temps, dans l'Allemagne, fille

(1) Voici les versets de la Bible sur lesquels s'appuie la doctrine de l'esclavage :

44. « Et quant à ton esclave et à ta servante, qui seront à toi, ils seront d'entre les nations qui sont autour de vous; vous achèterez d'elles le serviteur et la servante. »

45. « Vous les achèterez aussi d'entre les enfants des étrangers qui demeurent avec vous, même de leurs familles qui seront parmi vous, lesquelles ils auront engendrées en votre pays, et vous les posséderez. »

46 « Vous les aurez comme un héritage pour les laisser à vos enfants après vous, afin qu'ils en héritent la possession, et vous vous servirez d'eux à perpétuité; mais quant à vos frères les enfants d'Israël, nul ne dominera rigoureusement sur son frère. »

(*Lévitique*, chap. XXV.)

de Luther, on voyait les philosophes, les rationalistes, les esprits indépendants, les démocrates se ranger du côté de celui qui avait foulé aux pieds depuis cinq ans toutes les législations et toutes les libertés, et s'incliner et se réunir avec enthousiasme devant le liberticide vainqueur qui avait insolemment proclamé comme l'axiome de la société moderne cette formule : « *La force prime le droit.* »

Et l'on voudrait que devant ces attentats et ces triomphes un immense libertinage ne se soit pas emparé des esprits, lorsqu'ils n'ont pas entendu une seule voix écoutée s'élever contre la trahison et contre l'outrage que vient de subir en Allemagne la dignité humaine !

Hélas ! ceux qui se disaient les apôtres de la liberté viennent de nous donner dans la capitulation de leur conscience la mesure de la vanité de leurs convictions.

XX

A notre époque, les exactions de la force, la doctrine sauvage *du fer et du feu*, qui viennent de triompher en Allemagne, ont des effets bien plus terribles qu'autrefois. Autrefois, lorsque les peuples ont été victimes de ces monstruosités, les difficultés qu'ils éprouvaient de communiquer entre eux, l'habitude qu'ils avaient de ces infortunes, l'état d'abaissement intellectuel dans lequel ils vivaient, les constitutions politiques qui les étreignaient, l'ignorance dans laquelle ils étaient tenus des faits qui s'accomplissaient à leur détriment, le prestige dont le pouvoir était entouré, l'inconscience de leurs droits, toutes ces obscurités assuraient le règne de l'injustice et de la violence. Mais aujourd'hui tout se sait, tout se juge, tout se discute soit publiquement, soit dans le for intérieur des consciences. Et lorsque les peuples voient des gouvernements employer, pour satisfaire leurs cupidités ou leurs ambitions, des moyens qui sont réprouvés par la morale universelle de tous les temps, ils sont sur l'heure, sans avoir à lire l'histoire, sans avoir besoin d'être instruits autrement que par les faits qu'ils voient sous leurs yeux et qu'ils interprètent à leur manière, ils sont, dis-je, logiquement amenés à se demander si les principes mêmes sur lesquels la société est assise ne sont pas des erreurs qu'on leur impose et qui doivent aussi disparaître devant la toute-puissance de leurs désirs et de leurs volontés.

C'est ainsi que la société est punie des injustices dont elle est complice et que son existence est compromise par les calamiteuses victoires de la force. La conquête est une rapine qui, dans les milieux de l'ignorance et de l'inintelligence, soulève la question du tien et du mien et la résout dans son sens, en même temps que les exactions des conquérants absolvent ceux qui sont arrivés ou qui tentent d'arriver à la fortune par la fraude et le dol. La négation du droit, et conséquemment de la justice par l'autorité même chargée de les faire respecter, non-seulement détruit cette autorité, mais détruit toute autorité; et comme il n'y a pas, pour dominer ce désordre, le palladium d'une croyance, la civilisation est menacée de vivre désormais au milieu de décombres dont chacun voudra s'approprier une part, en sorte que, du monument élevé par la foi, par la justice et par le droit, il ne restera que des épaves entraînées dans un torrent sans digues.

Il était dans la destinée de l'Allemagne de faire sortir de sa philosophie et des ruines d'une science qui détruit tout, mais qui n'édifie rien à la place de ce qu'elle renverse; il était, dis-je, dans la destinée de l'Allemagne de rencontrer dans les excès de la critique historique et religieuse un axiome sans raison, sans justice et sans cœur. Fille de Luther, nous savons maintenant ce que vous êtes; Kant, Hégel, Leibnitz,

Spinosa, Strauss, voici l'interprétation que vos successeurs ont donnée à vos œuvres : « *La force prime le droit.* »

XXI

C'est à la France qu'il appartient de reprendre la devise contraire : « *Le droit prime la force.* » Mais pour qu'elle porte haut et ferme ce drapeau de l'humanité, il faut qu'elle redevienne elle-même; il faut qu'elle retourne aux sources de sa grandeur, au culte des idées, et elle ne peut y revenir qu'avec la liberté. Avec la liberté, elle retrouvera son caractère, son énergie son désintéressement, son civisme; elle fera des parts équilibrées entre la préoccupation de ses richesses et l'élévation de son niveau moral.

Elle instruira, elle apaisera, elle éclairera, et elle aura la gloire d'avoir fait l'alliance de la démocratie et de la liberté.

Nous allons rechercher maintenant comment cette alliance peut s'accomplir.

LA LIBERTÉ

LA DÉMOCRATIE

LA LIBERTÉ. — LA DÉMOCRATIE

I

Les caractères principaux de la démocratie ont été jusqu'à présent l'ambition de dominer et l'agitation. Elle a voulu être souveraine le jour même où elle est née, et elle a cru qu'elle pouvait se passer des longs et patients efforts qu'avaient faits la féodalité et la royauté absolue pour arriver à se constituer comme gouvernement. Aussitôt que la démocratie a eu conscience de sa puissance, elle n'a tenu aucun compte du temps qui est nécessaire à toute gestation pour qu'il en sorte une vie équilibrée, et elle a voulu s'imposer comme transformation sociale sous les formes violentes de la force. Or, du moment qu'elle s'était servie de la force, elle devait en être opprimée.

La démocratie, dans nos sociétés européennes, a pris pour base de son organisation des modèles qu'elle ne pouvait ni s'approprier ni s'identifier : en effet, elle s'est rattachée, dans ses aspirations, d'un côté à la société antique, et de l'autre à l'organisation d'une société moderne qui s'élaborait dans le Nouveau Monde et offrait des conditions de tradition et de mœurs si mêlées qu'elles n'auraient jamais pu se coordonner en unité dans une vieille civilisation. La démocratie de la Révolution française se rattache, par ses opinions et par ses erreurs, par les côtés où le sens pratique lui manque, à l'organisation de la république romaine. Or, la république romaine reposait sur l'esclavage et sur l'inégalité légale et sociale la plus absolue; ce n'est pas cette société que nous voulons rétablir. Nos codes, toutes les fois qu'ils s'inspirent de l'État social romain, tombent en contradiction avec l'idée démocratique, telle que nous la concevons aujourd'hui; car l'idée démocratique est essentiellement chrétienne, et elle ne devait trouver rien qui pût lui servir dans les monuments législatifs d'une société que le christianisme a bouleversée de fond en comble.

II

Les Romains avaient le commerce et ce qu'on pouvait appeler l'industrie, à leur époque, en aversion. Le négociant et le marchand ne jouissaient à Rome d'aucune considération; l'ouvrier y était assimilé à l'esclave; il est vrai que le nombre des esclaves rendait celui des ouvriers peu important. Lorsqu'on examine les grandes fortunes de Rome, on voit qu'elles étaient toutes acquises à la guerre et dans les commandements de province. Rien donc, dans cette antiquité si vantée, ne peut servir pour organiser ce que nous entendons aujourd'hui par le mot de démocratie, et l'une des causes de l'avortement de la Révolution a été cet asservissement du législateur aux traditions de la société romaine. La trace en est évidente dans le Code de commerce, qui porte, à chaque instant, l'empreinte de la méfiance, du dédain et d'une sorte d'ilotisme où l'on a parqué la classe de citoyens qui exercent le négoce, témoignage persistant de la déconsidération dont l'entouraient le clergé, la noblesse et la magistrature, héritiers sous la monarchie absolue de l'organisation qui, à Rome, régissait ces castes dominantes.

III

Ce n'est pas non plus au Nouveau Monde et à la République Américaine qu'il faut emprunter les matériaux nécessaires à l'édification d'une nouvelle société dans un vieux monde. La république des États-Unis a été fondée sur l'extermination de la race conquise et sur l'esclavage. Formée et renouvelée sans cesse par des natures ardentes, indisciplinées et énergiques que l'ancien continent ne peut satisfaire et lance sans cesse à la conquête d'un meilleur sort, la société américaine a été obligée de laisser à ses lois et à ses mœurs des allures pour ainsi dire licencieuses, qui ne peuvent être tolérées que là où les immigrations de tous les pays ont réclamé, pour se trouver à l'aise, les libertés diverses que nécessitait la diversité des races et des éducations, qui se heurtaient sur un sol inexploré. Ainsi s'est produite une cohésion nationale sans nationalité, des lois politiques sans antécédents politiques, des lois sociales sans tradition, une vie organique qui résume dans ses excès, dans ses expansions, dans ses exubérances, l'intensité de vitalité que renferment les éléments hétérogènes et sans cesse renouvelés qui la composent. Il n'y a aucune analogie entre cette société et la nôtre, et je n'en veux fournir qu'une preuve irréfutable, c'est que, inondée par les idées de liberté et de démocratie, elle n'a jamais vu éclore dans son sein aucune des utopies qui sont pour nous un sujet de trouble et d'effroi.

Je vois, en effet, dans cette société américaine, une guerre civile provoquée en réalité par une question d'intérêt matériel, une question de tarifs de douane, une lutte entre le Sud agricole et le Nord manufacturier; j'y vois, au moment où le monde a les yeux fixés sur les sanglants effets de cette compétition, introduire, par un respect involontaire pour l'opinion universelle et pour se préserver de l'intervention de l'Europe, la question de l'abolition de l'esclavage, mais je n'y aperçois se poser ni la question de la propriété dans ses fondements, ni la question du travail dans ses épreuves naturelles, ni l'horreur de la fortune des autres, ni la prétention de la régenter, ni l'intention de la répartir, ni la volonté de mêler le gouvernement dans le problème du travail, dans ses conditions, dans ses manières de procéder, de se préserver, de s'étendre, de prospérer, de vivre en un mot. La démocratie américaine, dont les mœurs et les procédés ne peuvent pas convenir à l'ancien monde, si elle était un modèle à suivre, devrait être imitée en ce qu'elle n'est coupable d'aucune de nos aberrations sociales, et qu'elle a accepté, avec le tempérament violent qui la distingue, tous les dangers d'un État populaire sans avoir redouté, un seul instant, d'être exposée à voir la brutalité du nombre exiger de son gouvernement qu'il réformât les bases de la société et qu'il redressât par des lois les inégalités que la Providence répartit dans l'humanité.

IV

C'est en nous-mêmes que nous devons puiser pour organiser la démocratie, c'est dans notre tempérament, dans notre éducation, dans nos défauts et dans nos qualités que nous devons rechercher l'équilibre nécessaire à son existence.

Si nous remontons aux origines de la conception politique que représente ce mot, nous trouvons pour fondement à la démocratie toutes les grandes visées de l'idéalisme. Dans le rapport fait à la Convention nationale sur ce projet de Code civil qui sert de base, ainsi que nous l'avons dit plus haut, à la société moderne et à la démocratie, je trouve, en effet, ces paroles mémorables, qui témoignent des hautes aspirations des réformateurs politiques, dont les socialistes utilitaires se prétendent les continuateurs. Ce rapport s'exprime ainsi (1) :

« Chiron fut chargé de l'éducation
« d'Achille, il le nourrissait de la moelle du
« lion.

« Les enfants seront dotés en apprenant
« dès leur plus tendre enfance un métier
« d'agriculture ou d'art mécanique. Avec
« cette ressource, également à l'abri et des
« coups du sort et des tourments de l'ambi-

(1) Rapport fait à la Convention nationale par Cambacérès au nom du Comité de législation « sur le premier projet de Code civil. »

(Séance du 9 août 1793.)

« tion, nos jeunes républicains renouvelle-
« ront le rare spectacle d'un peuple agricul-
« teur, riche sans opulence, content sans
« fortune, grand par son travail; lorsque
« l'orgueil dédaigneux leur demandera où
« sont leurs richesses, tels que ce fameux
« Romain, accusé de magie à cause de la
« fertilité de ses terres et qui, forcé de se
« défendre, se contenta d'apporter avec sa
« charrue tous ses instruments champêtres,
« et les jetant aux pieds de ses juges »:
« — Voilà, leur dit-il, tous mes enchante-
« ments et mes sortiléges », ainsi les en-
« fants de la patrie montreront leurs mois-
« sons, leurs cultures, leurs arts, leurs tra-
« vaux, et ils diront à l'envie étonnée:
« Voilà mes trésors! »

Tels ont été les rêves des fondateurs de la démocratie.

V

Mais la démocratie, en s'associant au socialisme, en abandonnant l'idéal de la philosophie du dix-huitième siècle pour ne se rattacher qu'au matérialisme qu'elle renferme, tient au contraire maintenant au peuple qu'elle a la prétention de moraliser et de conduire un langage pareil à celui du neveu de Rameau lorsqu'il parle de l'éducation qu'il veut donner à son fils :

« Au lieu, dit-il, de lui farcir la tête de
« belles doctrines qu'il faudrait qu'il oubliât
« sous peine de n'être qu'un gueux, lorsque

« je possède un louis, ce qui n'arrive pas « souvent, je me plante devant lui. Je tire le « louis de ma poche, je le lui montre avec « admiration, je lève les yeux au ciel, je baise « le louis devant lui, et pour lui faire mieux « entendre encore l'importance de cette pièce « sacrée, je lui désigne du doigt tout ce qu'on « peut acquérir, un beau fourreau, un beau « toquet, un bon biscuit, ensuite je mets le « louis dans ma poche, je me promène avec « fierté, je relève la basque de ma veste, je « frappe de la main sur mon gousset, et c'est « ainsi que je lui fais concevoir que c'est du « louis qui est là que naît l'assurance qu'il « me voit. — On ne peut rien dire de mieux, « répond l'interlocuteur; mais s'il arrivait « que profondément pénétré de la valeur du « louis, un jour... — Je vous entends, il faut « fermer les yeux là-dessus, il n'y a pas de

« principe de morale qui n'ait son inconvé-
« nient (1). »

Je ne veux pas dire que la démocratie socialiste accepte les inconvénients de cette morale, mais elle y conduit; c'est ainsi que dans une conception sociale, lorsqu'on remue la matière ou qu'on y touche, tout s'en imprègne, et l'idée démocratique, en s'abaissant dans les dépendances des intérêts matériels, en abandonnant sa tradition qui remonte aux plus hautes visées, a fini par se compromettre dans les exactions de la force et dans les convulsions des appétits.

(1) Diderot, *Le Neveu de Rameau.*

VI

Pour qu'elle remplisse le rôle dominateur qu'elle ambitionne, il faut qu'elle abandonne son passé à la fois dans l'indéfini idéal que les législateurs avaient exposé et dans les tendances matérialistes que le socialisme lui a données. — Pour cela, il faut qu'elle remonte aux principes mêmes qui sont sa raison d'être, je veux dire, à l'idée évangélique qui l'a fait éclore et sans laquelle elle n'existerait pas. C'est le christianisme qui a ennobli le travail, relevé la condition des classes ouvrières, et réhabilité le labeur manuel. Les ordres travailleurs avec leurs moines qui défrichent la terre ont relevé le labeur manuel, comme les ordres mendiants ont relevé la pauvreté. Le christianisme a supprimé les castes et les classes, et comme il est le véritable père de la démocratie, c'est lui seul qui a pu inspirer cette formule qui fait naître à la fois la défiance et la peur, la confiance et la foi : « *Liberté, Egalité, Fraternité !* » Aucune civilisation ancienne, aucune législation, aucune religion n'a donné cette formule avant le christianisme.

La Révolution française l'a prise pour sa devise, et c'est parce qu'elle ne s'en est pas pénétrée, qu'après l'avoir offerte et présentée au monde comme le palladium de sa mission, elle l'a laissé détourner de sa signification évangélique, c'est parce que la

Révolution française a laissé inscrire cette noble devise sur le drapeau de l'anarchie et de la violence qu'elle a été vaincue.

Il est nécessaire de revenir à cette grande et suprême formule dans un esprit sincère et avec l'intention de la mettre en pratique; pour cela il faut que la Démocratie redevienne chrétienne, c'est là qu'est son salut.

VII

« Ne faites pas aux autres ce que vous ne voudriez pas qu'on vous fît »; voilà le principe de la liberté. « Que celui de vous qui est sans péché lui jette la première pierre »; voilà le principe de la tolérance. Ces deux maximes recèlent le respect des autres et la surveillance de soi-même, et ce respect et cette surveillance font la dignité et l'indépendance de l'homme. Si vous vous imposez le devoir de ne pas nuire à la liberté d'autrui, et si celui-ci observe à votre égard la même conduite, vous êtes tous deux libres, et cette liberté équilibrée doit engendrer l'ordre perpétuel de la société, lorsque chacun en comprendra la responsabilité et les exigences.

VIII

La première liberté dont l'homme jouisse, celle dont il jouit sans aucun obstacle, c'est la liberté de sa conscience et de ses opinions. Mais s'il jouit de cette liberté dans son for intérieur, sans que personne puisse venir l'y combattre, il n'en a le plein exercice que s'il a la faculté par la parole écrite ou parlée de la manifester. Parler et écrire librement, voilà donc la sanction de la liberté de l'homme. C'est la liberté naturelle; mais cette liberté doit-elle avoir une limite?

Elle ne doit en avoir d'autre que la Loi, c'est-à-dire ce qui sauvegarde les principes et les opinions contraires à ceux que l'on professe; et ici nous arrivons à nous demander ce que c'est que la Loi dans sa conception abstraite.

IX

La Loi est l'expression de la manière d'exister d'une société, aux diverses époques de ses transformations : d'où il suit que la loi ne peut pas être immuable, et qu'un des principaux exercices de la liberté doit être de réclamer sans cesse son perfectionnement et son accommodement aux besoins nouveaux que la civilisation révèle. Chercher toujours à améliorer la loi est donc une des fonctions essentielles de la liberté, et elle ne peut remplir ce rôle qu'en parlant et en écrivant, et si l'on ne peut pas parler et écrire librement, il n'y a pas de liberté : l'on est alors sous la domination de la force, car vos principes et vos convictions ne sont pas respectés, et comme il n'y a pas de tolérance pour les opinions de tout le monde, qu'une certaine quantité de ces opinions ne peuvent pas se faire jour, la tolérance n'existant pas, il y a tyrannie. Cette tyrannie, le pouvoir en assume sur lui les conséquences, lorsqu'il traite la liberté comme une ennemie et qu'il met obstacle à son expansion. Ces conséquences, il les subit en se voyant contraint d'accumuler sur sa tête toutes les responsabilités, en substituant peu à peu ces responsabilités indéfinies à celles qui devraient incomber à chaque citoyen en particulier, de manière qu'il envahit sans cesse à ses grands risques et périls le domaine de l'individu et qu'il est fatalement entraîné dans cette voie sans issue, à n'avoir plus qu'une seule préoccupation, celle de montrer en tout, partout et à propos de tout, qu'il est le pouvoir.

Cependant, dans les faits qui n'intéressent pas son existence ou son principe, dans les faits de l'ordre économique, par exemple, pourquoi prend-il des responsabilités sans y être contraint; pourquoi se donne-t-il la charge de mettre d'accord des intérêts qui se plaindront toujours, d'un côté ou de l'autre, de son intervention; pourquoi impose-t-il des préservations pour sauvegarder de leurs imprudences ceux qui ont la faculté de les commettre; pourquoi veut-il tout régler, alors que tout est contestation, mettre tout sous sa tutelle, alors que tout recherche l'indépendance (1)? En agissant ainsi, le pouvoir

(1) Que signifie une enquête sur la Banque? Est-ce

se heurte à chaque instant à la liberté, et ils sont des adversaires sans trêve. Car le pouvoir est alors un système, un parti, une forme de gouvernement, c'est-à-dire une chose discutable et combattue, tandis qu'il serait une chose incontestable et indestructible, s'il se bornait, en s'alliant à la liberté, à être simplement la Loi : la Loi qui est le seul légitime gouvernant, parce qu'elle représente le désintéressement et l'impassibilité au milieu des intérêts et des passions.

pour fournir aux casuistes de l'économie politique l'occasion de signaler les cas de conscience du crédit? Pourquoi ne pas laisser éclore la liberté des banques, puisque de bons esprits la réclament? Cette liberté s'exercera à ses périls et risques; la servira et s'en servira qui voudra, et le Gouvernement se débarrassera d'une responsabilité qu'il prend sans nécessité pour ne pas la laisser peser sur tout le monde.

X

Mais, comme je l'ai dit plus haut, la principale condition du progrès est de rechercher sans cesse l'amélioration de la loi; car tout édifice a besoin d'être entretenu, réparé et souvent transformé, amélioré, quelquefois agrandi, suivant les modifications et l'extension des besoins auxquels il est destiné à donner satisfaction. Ainsi de la loi; elle est perfectible et réformable; elle réclame sans cesse des modifications, pour être au niveau des changements que subit l'état social. Laisser au pouvoir seul la mission de choisir l'heure de ces changements, lui donner la charge de cette initiative, c'est lui imposer la plus lourde et la plus périlleuse des tâches.

Le pouvoir est toujours soutenu et entouré de l'esprit de conservation qui gît au sein des positions qu'il a créées ou qu'il a consacrées : servi dans cet esprit par des générations qui n'ont plus d'aspirations juvéniles et qui s'isolent dans la jouissance du fruit de leurs labeurs, il court toujours le danger de voir cet esprit de conservation n'être plus que l'esprit de résistance, dédaigneux des sollicitations et des besoins de ceux qui réclament que l'édifice social soit transformé et amélioré, afin qu'il y ait sans cesse place pour de nouveaux venus.

Toute nation est composée de trois séries de citoyens : ceux qui sont arrivés à l'âge où l'on n'a plus rien à ambitionner, ceux qui sont à l'âge où l'on ambitionne tout, ceux qui sont à l'âge où l'ambition va naître. Chacune de ces trois catégories de citoyens a sa manière particulière de comprendre les conditions de la vie, et ce n'est que par la liberté de parler et d'écrire qu'elles peuvent exprimer leurs besoins. Si elles n'ont pas cette liberté, elles se considéreront toujours comme des ennemies et comme voulant être opprimées l'une par l'autre, et l'état social sera sans cesse rempli d'inquiétudes vagues et d'instabilité. On combattra constamment dans les ténèbres et sans se connaître, et la société restera toujours exposée à des surprises violentes, parce que la sollicitude, au lieu de se porter, comme une condition essentielle d'ordre sur ceux qui arrivent, se concentre sur ceux qui sont arrivés.

XI

La liberté de parler et d'écrire est donc indispensable à la sécurité sociale; c'est un exutoire qui prévient les crises. Cependant, dira-t-on, la liberté absolue peut avoir des effets bien désastreux.

Lorsqu'un père de famille a la conscience de ses devoirs, s'il pénètre un livre immoral dans son foyer, malgré sa surveillance, il est immédiatement tenu de se préoccuper des effets qu'il a pu avoir, et il s'efforce sans relâche de détruire son influence, en montrant les conséquences des idées qu'il contient. L'usage de la liberté, qui a amené ce livre dans la maison, a, sans doute conduit à la licence ;. mais cette licence a, en même temps, condamné le père de famille, pour le présent et l'avenir, à un effort persévérant, à une surveillance sans trêve. Ainsi la licence a rendu l'exercice du devoir plus impérieux, a réclamé une sollicitude plus éveillée, et le mal qui s'est produit a eu pour effet de ne plus donner de fausse sécurité et d'obliger le père de famille à remplir son mandat éducateur avec plus de persistance et de fermeté. Il en est ainsi de la liberté de parler et d'écrire; elle commande une continuité de vigilance, d'avoir l'inquiétude de ses actes et de son influence, et elle contraint le citoyen à ne jamais perdre de vue la chose publique, que son indifférence pourrait mettre en péril.

Voilà les bienfaits de la liberté. Elle commande l'exercice constant des devoirs et discipline les responsabilités. Pourquoi la vie publique serait-elle exempte des soucis de la vie privée? Pourquoi se dispenserait-on d'y apporter une surveillance personnelle, directe et continuelle, comme à ses affaires privées? Pourquoi poursuit-on toujours l'illusion d'une vie publique sans les agitations, les maladies et les changements, qui sont le lot commun de tout ce qui est humain? Cette soif de la sécurité et du calme, envers et contre tout, est la destruction même du calme et de la sécurité. En voulant atteindre un état absolu de repos pour nous dispenser d'avoir les soucis et les inquiétudes du civisme, en poursuivant ce rêve de l'immuabilité qui est contraire à l'essence même de la vie, nous sommes les auteurs aveugles de ces tourments qui menacent à chaque instant de troubler l'ordre lui-même.

L'oisiveté civique est une dégradation et un péril. Il n'est pas une société qui ait jamais voulu soustraire ses membres aux devoirs de la sollicitude publique, ou qui n'ait rencontré dans cet abandon d'elle-même les germes d'une prompte décadence. Ce besoin de contrôler et de surveiller ceux qui ont la charge des intérêts généraux de leurs concitoyens est si humain que nous avons pu voir, dans ces derniers temps, à quelles singulières coutumes il a conduit certains peuples.

En pénétrant dans le Japon et y découvrant une civilisation fort complète, nous avons immédiatement rencontré sa conséquence dans les mœurs par la domination de ce principe de la surveillance et du contrôle sans lequel il n'existe pas de société bien ordonnée. Toutefois les races occidentales s'accoutumeraient difficilement, je crois, aux procédés qu'on emploie au Japon pour exercer la vigilance publique. On impose à chaque citoyen important une ombre : cette ombre est un citoyen comme lui, qui ne le quitte jamais, épie ses paroles et ses regards, surveille et rend compte de sa conduite, le contraint à ne jamais faire que ce qu'il peut avouer et l'empêche de jamais agir contre les intérêts de son pays. Eh bien ! cet intolérable espionnage en chair et en os que, dans l'extrême Orient, on croit indispensable au bien-être de l'Etat, que la société réclame, dans ces contrées qui ont une civilisation fort avancée, pour sa sécurité et sa sauvegarde, est remplacé dans notre civilisation européenne, plus douce et plus délicate, par la liberté de la presse qui nous suit et nous surveille partout, nous oblige à nous observer sans cesse nous-mêmes, à ne rien faire qui soit contraire aux lois, aux mœurs et aux intérêts de notre pays.

Mais dans notre civilisation, la mission de la presse ne se borne pas à cette sorte de censure, elle atteint plus haut. Car c'est la liberté de la presse qui, par ses élaborations incessantes, crée au feu de la discussion l'esprit politique d'un peuple et le tient éveillé sur les progrès et les transformations nécessaires à son état social. Exercée dans toute sa plénitude, cette liberté prévient et fait avorter toutes les révolutions au lieu de les provoquer, et je rappellerai que c'est à elle que l'on doit la défaite des utopies socialistes à leur première explosion.

La liberté de la presse est la mère de la liberté religieuse, de la liberté politique, de la liberté civile, de la liberté économique, c'est la maîtresse liberté! Elle apprend à parler, à penser et à juger; seule elle fait des hommes!

XII

Il ne paraît pas cependant que dans les évolutions que subit l'idée démocratique, ce soit à la liberté politique qu'on aspire, que ce soit elle qu'on réclame. Il semblerait que la liberté ne doit s'appliquer à la démocratie que pour les compétitions des intérêts matériels et l'ordonnance des droits du travail.

En effet, dans l'éclipse qu'a subie la liberté d'écrire, les questions socialistes ont couvé et sont de nouveau redevenues obscures et redoutables. La liberté n'est plus apparue que sous la forme d'une arme offensive et défensive destinée à combattre pour l'amélioration matérielle du sort des individus. La répartition des profits du travail, sa participation prépondérante dans les œuvres industrielles, la force mise en concurrence avec l'intelligence et le capital, telles sont les apparences sous lesquelles se présente maintenant la liberté au service de la démocratie.

XIII

Cette déviation des ambitions civiques vers les ambitions du bien-être est toutefois la manifestation inconsciente du besoin de liberté politique qui gît au sein des âmes. Qu'est-ce, en effet, au fond, que le bien-être matériel? C'est l'indépendance, c'est la liberté d'être soi-même; et quel usage peut-on faire d'être soi-même si ce n'est d'être un citoyen ayant des principes et des opinions personnelles que l'on voudrait voir prévaloir dans un pays dont la constitution repose sur le principe de l'égalité.

Mais le défaut de liberté politique, en concentrant toutes les ardeurs sur les questions sociales dont la solution tend cependant, ainsi que je viens de le dire, à la satisfaction d'ambitions plus hautes, le défaut de lumière et de discussion publique dans ces questions amène des égarements de toutes sortes dont ce qui vient de se passer donne un exemple lamentable.

Si pour lutter contre les exigences de la main-d'œuvre, les chefs d'industrie faisaient demain entre eux une assurance mutuelle, en France et à l'étranger, pour dompter et maîtriser les exigences du travail, et si, pour soutenir le chômage, ils demandaient de l'argent aux Anglais et aux Allemands afin d'affamer les ouvriers, que diraient les ouvriers de cet abus de la force, de cette trahison subventionnée par des subsides étrangers, et dont le résultat pourrait être la destruction de notre industrie au profit d'habiles corrupteurs? Auraient-ils d'assez justes et d'assez véhéments anathèmes contre ces nouveaux émigrés? Eh bien! les ouvriers viennent de faire ce que sans doute ils trouveraient monstrueux de la part de leurs patrons. Les ouvriers français sont allés en Angleterre demander de l'argent aux ouvriers anglais pour les soutenir dans leurs grèves.

Pitt a dépensé quatorze milliards pour combattre la Révolution française et maintenir, en Angleterre, les priviléges aristocratiques; les ouvriers anglais, avec le sens pratique qui les distingue, donneront tout l'argent nécessaire pour devenir les maîtres de la main-d'œuvre en Europe et la mettre à la merci de leurs propres intérêts. Un mot de Londres, parti par le télégraphe, pourra à un moment donné faire suspendre le travail sur tout le continent. Et vous êtes les complices et les serviteurs de cette machination! et vous ne voyez pas où elle vous conduira! et sous prétexte de solidarité internationale, un mot qui n'existera pas longtemps si votre duperie continue, vous vous faites soudoyer par l'étranger (1)! Oh! quel trouble, quel trouble dans les esprits et dans les consciences!

Est-ce ainsi qu'auraient agi vos pères, les hommes de 89? Ne les avez-vous pas reniés par cette aberration, et ne perdez-vous pas le droit de réclamer la conséquence des principes qu'ils ont proclamés, en provoquant cette déroute du sens moral et patriotique? Du reste, on dit, et je veux le

(1) Et ils pourront le faire longtemps, si, comme le prétendent des gens bien informés, les ouvriers d'Angleterre gagnent dans leur ensemble *dix milliards par an.*

croire, que les dernières grèves ont été fomentées par des ouvriers étrangers, et c'est là sans doute l'origine de l'inexplicable conduite que nous relatons.

XIV

Dans cette répréhensible manifestation, une portion de la démocratie a montré que les âmes n'étaient pas au niveau de la conception de la liberté, car ce qui a été fait par les ouvriers ne pouvait pas être fait par les patrons; et dans cette expédition des appétits, la Liberté n'a pas été la seule outragée, c'est l'Égalité qui surtout a été frappée.

En abandonnant la poursuite de la liberté

politique qui se manifeste surtout par la liberté de parler et d'écrire, on a atteint le principe de l'égalité qui succombe dans les excès des compétitions économiques. Nous avons dit où il fallait remonter pour faire vivre la liberté, voyons comment il faudrait agir pour que l'Égalité existât.

XV

Les hommes sont égaux, dans l'esprit de la Fraternité, malgré leurs conditions sociales; dans l'esprit de la loi, vis-à-vis de la justice et des droits. Voilà ce que signifie ce second mot de la devise républicaine.

Maintenant, vouloir qu'en ce qui concerne la répartition des richesses et des profits du travail il y ait égalité, c'est créer une véritable inégalité, parce que les volontés, les aptitudes et les capacités ne sont pas les mêmes, et que la proportionnalité, sous peine d'injustice, doit s'établir entre le résultat obtenu et la part différente que chacun, intelligence, capital ou bras, doit avoir dans ce résultat. Vouloir obtenir une part primordiale dans les fruits des œuvres de l'intelligence d'un homme parce qu'on lui a servi d'outil, c'est donc constituer une injustice et émettre une prétention qui, ne pouvant s'appuyer sur aucune raison d'équité, doit se servir de la violence, c'est-à-dire de l'arme qui tue la liberté et l'égalité, pour prévaloir. Vouloir redresser la destinée aux dépens des autres en octroyant des parts égales, que ni le corps ni l'esprit ne pourraient procurer parce qu'ils sont débiles, c'est intervertir l'ordre naturel des choses pour y substituer la plus illégitime des tyrannies. Il n'y a à intervenir dans ces inégalités naturelles qu'avec le sentiment, avec le cœur et non pas avec les codes : ce problème ne peut être résolu que dans les régions élevées de la nature humaine, et s'il n'existait pas des âmes d'élite qui sont, hélas! aussi, des âmes qui attestent l'inégalité des dons de Dieu, ce problème serait bien plus terrible qu'il ne l'est.

XVI

La Démocratie aime surtout ce mot d'égalité, parce qu'il est la condamnation de l'aristocratie. Dans notre pays, où les mots jouent un si grand rôle, ce mot d'aristocratie soulève, surtout parce qu'on l'oppose à celui de démocratie, des répulsions éclatantes ; et cependant, comme caste sociale, ayant des priviléges, l'aristocratie n'existe plus. Il est toutefois une aristocratie qui se compose des hommes ayant une grande fortune et de ceux qui ont une grande renommée dans les lettres ou dans les arts.

Cette aristocratie-là, elle est de tous les temps et de tous les lieux, et elle est indispensable à l'importance d'une nation dans le monde. Elle n'est pas contraire à la démocratie et ne doit être combattue par elle qu'autant que, par les monopoles et les priviléges, elle reconstitue une véritable caste dans le pays et qu'au lieu d'aider à sa prospérité, elle l'absorbe et la maîtrise.

C'est le cas de l'aristocratie financière, dont nous avons signalé dans cet écrit le rôle dissolvant sous tous les rapports. C'est la constitution de cette aristocratie qui est essentiellement contraire à la liberté et à l'égalité; mais quant à l'aristocratie de l'intelligence, la démocratie n'a pas de plus sincère et de plus vaillant serviteur, et c'est à ce serviteur qu'elle doit d'exister.

XVII

L'Égalité est une doctrine chrétienne qui, en élevant les âmes au-dessus de l'infirmité de leur destinée terrestre, fait reposer son principe dans la foi religieuse. C'est une doctrine qui n'a pas sa raison d'être si on n'a pas cette foi religieuse où l'on puise la certitude du redressement de toutes les inégalités, parce qu'elle enseigne que tous les hommes sont égaux devant Dieu dans leur vie et dans leur mort. Mais il n'est pas possible de poser ce principe de l'égalité devant une combinaison sociale, qui n'entend relever que d'elle-même et qui ne veut pas reconnaître ses origines dans une doctrine religieuse dont elle repousse la pratique : en conséquence, la formule de l'égalité dans l'ordre social n'a pu se trouver qu'en face de la loi, et on a dit : « Tous les hommes sont égaux devant la loi. »

Or la loi nécessite un législateur, et ce législateur sort de la démocratie par le vote et est chargé de faire les lois dont elle a besoin.

XVIII

Ici intervient la souveraineté populaire par le suffrage universel. Cette souveraineté sait-elle bien ce qu'elle veut, n'est-elle pas aveugle et n'est-ce pas une nécessité de premier ordre de l'éclairer? Je comprends bien l'exercice intelligent et raisonné du suffrage universel pour ses mandataires dans la commune, mais dans sa délégation pour légiférer, est-ce bien sûr qu'il agit en connaissance de cause et qu'il ait conscience de ses actes? Je ne le crois pas. Il expose par ses manifestations la démocratie, qui doit déjà s'en être aperçue, le pouvoir lui-même et le pays tout entier, à des hasards qui peuvent compromettre les meilleures causes et produire légalement des occasions d'ébranlements tout à fait imprévus.

Décrété par la République pour donner satisfaction au grand principe de l'égalité, il a dépassé le but, et son premier soin a été de détruire le gouvernement même qui l'avait fait naître. Il y a là un grand sujet de méditation pour la démocratie, car il importe de savoir si l'inégalité des intelligences et de l'instruction ne commande pas aussi une inégalité dans l'exercice des droits de citoyen, au nom même de l'égalité qui ne doit pas être opprimée par la force inéclairée.

Ne serait-ce pas un but à poursuivre par la démocratie que de donner au suffrage universel une mission consciente en ne l'appliquant directement qu'à la nomination des municipalités, des conseils d'arrondissement et de département, et en lui imposant deux degrés pour déléguer le mandat de législateur?

XIX

On pourrait ainsi attendre sans trouble et sans secousse que l'instruction en se généralisant, en ne laissant aucun membre de la société dans l'ilotisme de l'ignorance, ait appris à chaque citoyen le maniement de cette arme redoutable et lui ait donné la conscience de la responsabilité qu'il encourt lorsqu'il est appelé à s'en servir.

Le suffrage universel étant le fondement de la démocratie, on ne saurait trop faire l'éducation et l'instruction du droit qu'il confère. Car, c'est le suffrage universel qui crée l'aristocratie dans la démocratie; tout mandataire de ce suffrage, à quelque fonction qu'il soit appelé, est le résultat d'un choix, et le mot aristocratie ne veut pas dire autre chose. L'élu est supérieur à celui qui l'élit, pendant tout le temps qu'il est élu, puisqu'il concentre en sa personne le choix de plusieurs centaines de ses concitoyens, qui l'ont jugé le plus capable et le plus digne de gérer et de surveiller les intérêts publics. En ce fait, apparaît une des plus caractéristiques contradictions de ceux qui veulent donner au principe de l'égalité des conséquences littérales. L'égalité sociale est détruite par l'élévation au-dessus des autres, et de leur consentement, de quelques individus que le suffrage lui-même consacre comme l'élite, comme l'aristocratie du pays. L'égalité sociale n'existe donc pas, le principe ne fonctionne et ne peut fonctionner que devant la loi.

C'est pour cela que la loi est et doit être tout dans une société démocratique égalitaire et que la nomination d'un législateur a une si grande importance, qu'il semble qu'elle ne devrait appartenir qu'à ceux qui ont la conscience raisonnée du mandat qu'ils donnent.

XX

En effet, nos Codes, ainsi que nous l'avons déjà fait remarquer, manquent d'unité, et depuis cinquante ans, nous nous efforçons de l'y établir avec le sentiment de l'égalité.

Un des principaux désaccords qu'ils renferment dans l'ordre d'idées qui nous occupe, que je signalerai en passant, est celui que présente la manière d'être de la propriété immobilière et de la propriété mobilière. D'un côté, tout est préservation, réglementation, réserves, et par suite difficultés de vivre, impossibilité d'avoir sa part dans le mouvement général des capitaux : de l'autre se rencontre une infinité de moyens pour se développer, une immense facilité d'agir, des réservoirs de ressources créés qui n'ont d'autre obstacle à leur efficacité que leur constitution en monopoles. C'est une inégalité; mais, par une conséquence inconsciente, pour faire disparaître cette inégalité, on en a créé une bien plus grande, et les pénalités qui frappent l'artisan de la fortune immobilière et l'artisan de la fortune mobilière les font, pour ainsi parler, citoyens d'un pays différent.

Devant la dette, en effet, l'un s'abrite devant la responsabilité de son immeuble et le créancier s'arrête devant ce gage; l'autre, au contraire, est immédiatement frappé par la loi, dépouillé, dessaisi de l'administration de ses biens et déshonoré. Cet exemple fera comprendre, je l'espère, ce que j'entends par l'unification des codes dans le sens démocratique. C'est en imprégnant du souffle démocratique, non pas une loi particulière, qui se trouve le lendemain de sa promulgation en contradiction avec les lois existantes, mais en reprenant tous nos codes les uns après les autres, pour les redresser et les harmoniser, que l'on organisera sincèrement la démocratie.

XXI

L'Égalité ne pouvant exister que devant la loi, ainsi que nous l'avons démontré, il faut refondre nos codes pour qu'elle devienne une vérité. Cette grande œuvre a déjà tenté l'ambition généreuse de ceux qui représentent plus particulièrement l'opinion démocratique, et il est indispensable qu'elle soit poursuivie. Si elle a été suspendue, c'est sans doute parce que la liberté d'écrire indispensable aux travaux préparatoires d'une aussi grande œuvre n'existait pas et que l'opinion publique ne pouvait pas se former, en une aussi grave matière, à la clarté des débats contradictoires posés devant elle.

Cependant, c'est dans cette reconstitution d'ensemble, destinée à établir l'équilibre dans nos lois, que se trouveront résolus tous ces problèmes sociaux que l'on s'efforce vainement d'apaiser par des mesures sans lien et sans coordination, au risque d'en soulever de nouveaux et de plus complexes par les réformes mêmes que l'on opère par pièces et par morceaux. Mais cette élaboration fondamentale réclame la paix des esprits et la patience qui donnent seules la sagesse nécessaire aux mâles labeurs, et la démocratie, si elle ne veut pas continuer à laisser croire qu'elle n'est que le feu de l'agitation et des ambitions bouillonnant dans les âmes, doit désormais s'inspirer de la Fraternité qui est le troisième mot de la devise de la Révolution.

XXII

La Fraternité devrait être l'inspiration de toutes les bonnes volontés dans les luttes qui existent entre le capital et le travail, mais au contraire la manière dont tendent à se manifester les ambitions de la main-d'œuvre, les procédés violents qu'elle emploie, semblent indiquer qu'elle ne veut avoir recours qu'à la force pour devenir maîtresse du champ du travail. Et si on laisse les influences que nous venons de voir se manifester dans les derniers conflits prendre la direction des esprits et des opinions au sein de la classe ouvrière, non-seulement l'idée chrétienne de Fraternité disparaîtra sans retour, mais nous sommes destinés à voir se renouveler les compétitions les plus étranges et s'organiser les luttes les plus sauvages.

Déjà, en Angleterre, la démocratie, s'inspirant des plus mauvaises doctrines, s'enrôle sous la bannière d'un athéisme grossier, intolérant et provocateur, dont le chef a pris le nom « d'Iconoclaste » ; elle a sa revue, le « National Reformer », qui prêche la négation de tous les principes de morale et de justice, et elle fait une propagande ardente au moyen d'une infinité de petits pamphlets, dont l'influence n'est neutralisée que par la liberté même qu'on a de les combattre.

Est-ce que les ouvriers français acceptent les principes de ceux que les Union's Trades (Associations ouvrières) reconnaissent pour leurs chefs? Je vois bien que le président de la grève des ouvriers tailleurs, en France, a dit (18 avril 1867) « que tous les travailleurs de l'Europe attendaient avec impatience l'issue de la grande lutte que les ouvriers, sans autre arme que leur union et leur bonne volonté, ont entamée contre le capital », et il n'est pas permis de douter que cette guerre au capital ne soit un des liens communs qui rattachent le mouvement des grèves françaises à l'organisation des grèves anglaises; mais les ouvriers français font-ils aussi profession d'athéisme et veulent-ils aussi se proclamer, comme leurs frères d'Angleterre, les « démolisseurs » de tout ce qui existe, pour que la classe ouvrière devienne la classe dominante?

J'espère que la Démocratie ne fermera pas les yeux sur l'enquête qui vient d'être faite, devant l'impuissance de la justice ordinaire, par le Parlement anglais, sur les Union's Trades — Associations ouvrières à Sheffield. — Cette enquête, qui n'a pu s'effectuer qu'en assurant d'avance l'impunité aux révélateurs, a démontré que le vol, l'incendie et le meurtre pouvaient être employés comme moyens de coercition par des associations ouvrières contre les ouvriers qui n'obéissaient pas à l'injonction des grèves, contre ceux qui avaient trop d'apprentis, contre ceux qui ne voulaient pas faire partie des associations. Cette révélation, d'une organisation occulte, prélevant des dîmes énormes sur le travail, sous prétexte de le protéger se servant de ces cotisations pour l'opprimer et pour soudoyer des assassins, vient d'épouvanter l'Angleterre.

Et le cynique mouvement qui agite maintenant la classe ouvrière dans les trois Royaumes, s'est, comme en France, surtout développé depuis qu'à l'aide d'une loi nouvelle, en vigueur depuis quelques années, les coalitions financières se sont multipliées dans la Grande-Bretagne. La spéculation sans frein, le jeu incessant ont été pendant deux ou trois ans l'âme des affaires en Angleterre. — On nous imitait après s'y être longtemps refusé. — Ce spectacle a donné ses fruits, et ce pays de l'ordre légal voit disparaître peu à peu du sein des masses le respect de la loi, le respect de la royauté et jusqu'au respect des apparences de la religion et de la morale.

Quelques publications récentes ont révélé cet état de choses, que les discussions trop peu connues du congrès des ouvriers à Genève faisaient pressentir, et pendant que nous nous laissions engourdir par le silence, les formules les plus insensées du socialisme étaient de nouveau mises en lumière, et la théorie des grèves universelles prônée en Suisse par les ouvriers anglais, après y avoir été repoussée par les ouvriers français, était appliquée, ainsi que nous l'avons vu, quelques mois après.

XXIII

On pourrait peut-être voir l'origine de ce système des grèves dans cette loi des coalitions décrétée pour l'émancipation des ouvriers, inspirée par un esprit de justice, mais qui menace de devenir, en passant par les mains du socialisme, une arme au service, non du droit, mais de la force et de ses excès.

Car le premier acte qu'ont voulu faire ceux qui se sont servis de cette loi des coalitions, ç'a été, par les interdits, par les surprises et les prétentions insensées, d'établir deux camps ennemis dans le domaine du travail. Le troisième mot de la devise de la Révolution, ce mot de Fraternité, personne ne l'a prononcé et personne ne s'en est souvenu dans cet essai d'émancipation légale. — L'inimitié étant déclarée, il n'y a plus eu dans les deux camps des patrons et des ouvriers d'autre souverain que la force, raison dernière de tous les antagonismes lorsque la liberté de parler et d'écrire n'éclaire pas les esprits, ne forme pas les jugements, et que le tribunal de la discussion publique et contradictoire n'est pas ouvert à tout le monde.

Cette déclaration de guerre qui vient d'être faite au patronage est désastreuse, car elle peut avoir pour effet d'arrêter la marche des améliorations matérielles et morales dont les patrons avaient pris l'initiative. On peut constater dans beaucoup de centres industriels les bienfaits de cette initiative, mais par suite de l'abandon où l'on a laissé les principes mêmes qui ont donné naissance à certaines œuvres philanthropiques, on a remplacé pour définir leur inspiration le mot chrétien de Fraternité par ceux de Solidarité et de Mutualité.

XXIV

Mais la Mutualité et la Solidarité ne peuvent s'organiser que dans des milieux de même nature, ayant les mêmes besoins et les mêmes intérêts, et en parquant ces principes dans des applications spéciales, on ne fait que créer l'antagonisme des classes en les rétablissant. Tout ce qui détourne la Fraternité de sa signification générale mène au particularisme et détruit la mutualité et la solidarité, puisque leur application se singularise et s'individualise pour ainsi parler. Aussi a-t-on vu renaître les castes et les corporations; ces castes et ces corporations s'isoler pour la défense ou la prospérité de leurs intérêts exclusifs, en sorte que ce faisceau de petites tyrannies, que la révolution avait détruit s'est reconstitué sous la forme des corps d'état ou de professions qui poursuivent sans cesse l'accroissement de leur puissance et de leur bien-être, avec l'égoïsme le plus décidé et le plus militant. Les ouvriers des corps d'état se considèrent comme solidaires les uns des autres, sans doute, mais ils n'entendent pas que cette solidarité s'étende aux autres citoyens, et que leurs intérêts soient pondérés par les exigences des intérêts contraires.

En même temps, les professions mettent à défendre leurs priviléges une vigilance incessante que leurs membres n'apportent pas toujours à la recherche du progrès ; la camaraderie des éducations d'état envahit les fonctions publiques et les grandes situations, et tout ce qui est en dehors des corporations, des professions, des priviléges et des castes d'école est étouffé et matière à tribut. — Nous voilà bien loin de la Fraternité. — Et cependant, en agissant comme nous venons de le dire, on paraît convaincu que l'on est pénétré de l'esprit de la démocratie.

XXV

Il ne faut pas flatter la démocratie, il faut l'instruire. Eh bien, troublée par la prédominance des intérêts matériels, elle a perdu la notion des principes de la Révolution. Les mots de Liberté, d'Égalité et de Fraternité n'ont plus pour elle la signification qu'ils avaient pour nos pères, et si elle veut prendre dans le monde le rôle dominateur auquel elle prétend, il faut qu'elle retourne au culte des idées et qu'elle ne se concentre plus dans l'adoration des intérêts matériels. Si elle continue à se laisser guider par la convoitise, si elle ne se nourrit pas d'ambitions plus nobles, elle sera sans cesse en butte aux caprices de la force, et les nations redeviendront cette plèbe dont on est le maître avec du pain et le cirque. Alors, avec l'aide de la féodalité financière qui pourra corrompre à prix d'or toutes les intelligences, on verra se reconstituer un état social plein de violences et d'injustices, et la force primera définitivement le droit, et la civilisation européenne tombera dans la décrépitude de la société orientale.

XXVI

Qu'on se souvienne du sort de Carthage! Les Carthaginois avaient vaincu Rome et lui avaient disputé l'empire du monde, C'était à l'époque où ses ambitions trouvaient des âmes à leur hauteur, au moment où par la lutte elle affirmait sa puissance et conquérait les éléments de ses prospérités. Mais lorsque ces prospérités, arrivées à leur apogée, eurent absorbé le patriotisme dans la préoccupation exclusive de la fortune commerciale, de l'acquisition des richesses et de leur jouissance, ce jour-là Rome, qui était en pleine virilité, prit sa revanche sur sa rivale, Carthage fut conquise et reconquise, et cette ville opulente et fameuse, qui s'était plongée dans l'ivresse des intérêts matériels, fut enfin si bien détruite qu'on ne connaît même pas l'emplacement où elle existait. Et l'Angleterre, dont l'image apparaît dans cette évocation du passé, ne conjure une destinée semblable qu'en plaçant sa grandeur sous l'égide de la Liberté.

XXVII

Depuis le dix-septième siècle, la France avait eu la tâche lumineuse de vulgariser et de répandre les grandes idées. Elle est sur le déclin de sa renommée parce qu'elle n'a conservé aucune de ces idées et qu'elle n'en a mis presque aucune en pratique; mais l'immense influence qu'elle avait acquise lui suscite maintenant les jalousies rétrospectives, non-seulement des gouvernements, mais des peuples. La France démocratique, en concentrant tous ses efforts et toutes ses agitations dans la satisfaction des égoïsmes matériels, s'est décapitée elle-même et elle n'excite plus que l'envie et la convoitise, parce qu'elle paraît en être dévorée.

Mais cela n'est pas vrai ; non, non, cela n'est pas vrai ! Quoi que j'en aie dit, cela n'est pas vrai ! On n'a pas irremédiablement corrompu ce noble pays auquel tous les peuples doivent leur émancipation et qui a toujours protégé les faibles. Son tempérament s'est débilité à la poursuite des jouissances matérielles, mais il est toujours sain et robuste, et pour qu'il reprenne la plénitude de sa vigueur, il ne lui faut que l'exercice de la liberté. Et la liberté doit avoir pour lui des attraits d'autant plus irrésistibles qu'elle lui servira à remplir une de ces missions épiques qui plaisent à sa générosité, car maintenant c'est lui qui doit assurer le triomphe du droit sur la force. Oui, la France doit prendre à son compte et inscrire désormais sur les plis de son drapeau cette noble maxime : *Le droit prime la force*, en l'opposant à la maxime victorieuse : *La force prime le droit*. C'est ainsi qu'elle reprendra la suite de sa grande histoire « *Gesta Dei per Francos.* »

XXVIII

Mais elle ne peut reprendre ce rôle qu'avec la liberté. Avec la liberté, tout ce qui la trouble, tout ce qui l'inquiète, perdra ce caractère vague, cet aspect de danger perpétuel que revêtent les questions politiques et sociales, lorsqu'on ne peut contradictoirement les discuter. Avec la liberté, la démocratie, qui paraît se préoccuper surtout de ses droits, prendra la conscience de ses devoirs ; elle sera obligée de remonter à ses origines et de s'en inspirer sous peine d'abdiquer elle-même sa suprématie. Avec la liberté, les solutions, offertes par l'empirisme économique qu'on appelle le socialisme, seront réduites à leur juste valeur, leurs excès seront détruits, leurs dangers disparaîtront. Avec la liberté, la devise de la Révolution « Liberté, Égalité, Fraternité » sera ramenée à sa signification évangélique et sociale par la communion des idées qui l'ont interprétée.

Avec la liberté enfin éclatera la lumière !

La lumière qui seule montre et fait connaître la vérité, qui est l'invincible ennemi de toutes les erreurs qu'elle découvre, de toutes les paniques qu'elle fait évanouir, de toutes les hypocrisies qu'elle démasque, de toutes les tromperies qu'elle dévoile; la lumière désormais aussi indispensable que la chaleur à cette société où les passions les moins nobles, les indifférences les plus coupables, les cynismes les plus audacieux, les avidités les plus insatiables, les égoïsmes les plus hautains, les frivolités les plus malsaines, s'étalent, maîtrisent et corrompent. Oui, c'est la liberté, la liberté seule qui peut éclairer les ténèbres de ce chaos où nous a plongés l'abandon de nous-mêmes, nos défaillances, l'abaissement de nos désirs, le déréglement de nos appétits. Et ce n'est plus maintenant au nom du progrès seul qu'il faut la réclamer cette liberté toute-puissante, mais au nom de notre repos, au nom de notre conservation, au nom de notre prospérité, au nom de notre sécurité, au nom de l'ordre, au nom de la morale, au nom de l'honnêteté et de la grandeur de la France !

FIN

TABLE DES MATIÈRES

PARIS. — IMPRIMERIE L. POUPART-DAVYL, RUE DU BAC, 30

OUVRAGES EN VENTE

A LA MÊME LIBRAIRIE

DU MÊME AUTEUR

Les Chemins de Fer et le Crédit en France. 1 beau vol. in-18 .... 1 »

P.-J. STAHL

Les Bonnes Fortunes Parisiennes :
Les Amours d'un Pierrot. 4e édition. 1 vol. ...... 3 »
Les Amours d'un Notaire. 2e édition. 1 vol. ...... 3 »
Histoire d'un Homme enrhumé. 1 vol. .... 3 »
Voyage d'un Étudiant. 1 vol. .... 3 »

GUSTAVE DROZ

Monsieur, Madame et Bébé. 16e édition. 1 vol. ...... 3 »
Entre Nous. 9e édition. 1 vol. .... 3 »

E. LEGOUVÉ (de l'Académie française)

Les Pères et les Enfants au xixe siècle. 1 vol. ..... 3 »

L. SIMONIN

Histoire de la Terre. 2e édition. 1 vol. .... 3 »

ÉDOUARD SIEBECKER

Physiologie des Chemins de Fer. 1 vol. .... 3 »

ZURCHER ET MARGOLLÉ

Histoire de la Navigation. 1 vol. .... 3 »

HIPPOLYTE DURAND

Les Grands Prosateurs. 1 vol. .... 3 »
Les Grands Poètes. 1 vol. .... 3 »

X. NAGRIEN

Prodigieuse Découverte et ses incalculables conséquences sur les destinées du monde. 1 vol. .... 3 »

H. STEEL

Haôma. 1 vol. .... 3 »

OLIVIER MERSON

Ingres, sa Vie et ses Œuvres. 1 vol. 1 50

PARIS. — IMPRIMERIE L. POUPART-DAVYL, RUE DU BAC, 30.

www.ingramcontent.com/pod-product-compliance
Ingram Content Group UK Ltd.
Pitfield, Milton Keynes, MK11 3LW, UK
UKHW020207250726
13967UKWH00003B/1318